アイデアは考えるな。

柳澤大輔

日経ビジネス人文庫

はじめに

いま、あらゆる仕事で「考えること」が求められています。

商品開発、提案営業、市場分析、広告制作……。どんな仕事をしていても、アタマを使って、「すごいアイデア」を出すことが期待されているのです。

それは、僕らの会社が活動しているインターネット業界でも同じ。

発注を受けたクライアントのウェブ制作も、自分たちのオリジナルサービスの開発も、すべてはアイデア次第。

アイデアに会社の生き死にがかかっているとも言えます。

だから、もし「すごいアイデア」を出すことができるノウハウがあれば、きっと、ものすごく重宝されるでしょう。

でも残念ながら、はっきり言って「すごいアイデア」は誰にでも出せるわけじゃありません。

むしろほとんどの人は「すごいアイデア」を出せないでしょう。

でも、「すごいアイデア」ではなく、「す、ご、く、な、い、アイデア」であれば、誰にでも出せるようになります。

「すごくないアイデア」を出せるようになってもしょうがないじゃないか……。

ですって？　それは違います。

「すごくないアイデア」を出すことには、大きな意味があります。

アイデアを出せないという悩みを持つ人の共通点は、「すごいアイデア」を出そうとしてしまっていることです。

でも、「すごいアイデア」を出している人は、その何倍も「すごくないアイデア」を出しています。

だから、まずは「すごくないアイデア」をたくさん出すところから始めるべきなのです。

「すごくないアイデア」を出すことの意味は他にもあります。もし仕事で行き詰まってしまったときには、たくさんアイデアを出すことで、気持ちがどんどん前向きになってくるでしょう。

人は、打つ手があるとわかることでポジティブになれます。

もし、あなたが仕事をつまらないと感じているのだとしたら、それはアイデアが足りないからかもしれません。

アイデアをたくさん出せば、仕事が面白くなってきます。これは本当です。

アイデアがいっぱいの人は、深刻にならないのです。

また、よくやりたいことが見つからないという人がいますが、それは言い換えると、思いつかないだけなのです。アイデアを出すと、自然とそれがやりたいことになります。ということは、アイデアを出せる人になれば、自然とやりたいことがある人になります。


あなたの周りにアイデアマンはいませんか？　そのアイデアマンは、目の前の仕事をとても面白がっていませんか？

これでもかとばかりにたくさんのアイデアを出す人からは、仕事がつまらないとか、誰かが気に入らないといった愚痴を聞いたことがありません。

どうせなら、面白く働きたいと思いませんか？

どんな仕事でも面白がれる「面白がり屋」になれば、自分はもちろん楽しくなるし、「一緒に仕事をしませんか？」とたくさんの人から言われるようになります。

そんな面白がり屋になるためには、アイデアをたくさん出せるようになる必要があります。

つまり、**「アイデアをたくさん出すためのノウハウ」は「楽しく働くノウハウ」でもあるのです。**

これは「面白法人」を名乗り、楽しく働くことにこだわってきた僕たちが、実践してきたからこそわかったことです。

この本には、そんな「アイデアを出すノウハウ」と「楽しく働くノウハウ」の両方が詰め込んであります。

あなたは、仕事を思いっきり楽しめていますか？

アイデアをたくさん出せるようになると、仕事が本当に楽しくなってきますよ。

これは本当です。

では、楽しんで読んでください！

アイデアは考えるな。目次

第2章

成長するためのヒント……59

第3章

誰でもアイデアマンになれる……93

第4章 壁を越えるための発想法

第5章 ゴールへとつながる道

第1章

悩まずに、まず乗っかろう

「できる」と信じるか、
「できない」と信じるか。
どちらも結果は
完全にその通りになる。

ヘンリー・フォード

▽よく知らない人の結婚式に行けるか？

それほど仲が良いわけではない知人から、

「今度結婚することになりました。つきましては、カジュアルなパーティ（二次会）を開くので、来ていただけませんか？」

とお誘いがあったとします。

社会人になるとよくあるお誘いですね。こんなときあなたはどう思うでしょうか？

「それほどよく知らない人なのに……面倒くさいな」

といった感じでしょうか。おそらくほとんどの人がそうだと思います。

こうしたパーティは、結婚する本人たちにとっては一生に一度（とも限りませんが）のことですが、ちょっとした知人にとってはそれほどの重みはありません。心の底から祝福できるかというと怪しいものです。

二次会の会費は得てして料理と見合っていませんし、ちょっとした知人レベルだと会場に自分の知り合いがほとんどいない。新郎新婦はたいてい忙しくてそれほど話せませんから、気がつくとただ1人ぼぉっとしているだけで終わってしまう可能性もある。

だから、面倒くさいと思ってしまうのも仕方がない。ちょっとした知人からのお誘いに「面白そう！　行く行く！」と答えられる人のほうが、どちらかというと珍しい。**でもここで、何か理由をつけて招待を断るか、「面倒くさいけれど、せっかくの機会だし参加しよう」と思い直すかには、大きな差があるのではないかと思うのです。**

世の中には仕事でもプライベートでも、「面白そう！」と思えることと、そうでないことがあります。初めから面白そうに見えることに対しては、誰だって積極的に参加して自分から楽しもうとするでしょう。

問題なのは、機会をもらったけれど、一見すると面白そうには思えず、むしろ面倒くさそうなことに対して、どういう行動を取るかです。

もし、ちょっとした知り合いのパーティに行って、飛び切り楽しそうにしていたらどうでしょう？

料理をおいしそうに食べて、初対面の人と仲良くなって、ビンゴゲームにも積極的に参加したら、新郎新婦も「呼んでよかった」と喜んでくれるはずです。そもそも結婚パーティなんてのは列席者である自分が楽しいかどうかは二の次で、まずは新郎新婦を祝うためにやることなのですから、楽しんであげることが最大のプレゼントです。

そして、そんな自分を見て周りの人が、「あの人は、誘ったらきっと楽しんでくれそうな気がするから、声をかけよう」と他の機会でも呼んでくれるようになればしめたもの。

面白いことが勝手にどんどん向こうからやってくる状態になります。

これはビジネスでも同じです。楽しそうに働いている人には、面白い仕事がどんどんきます。自分が成長する機会も、次々とやってきます。

一方、面倒くさそうにしている人には、誰も仕事を頼みたいとは思わないでしょう。その結果、思うように成長できず、くすぶってしまうかもしれない。

あなたはいままでどうでしたか？

初めからどんなことに対しても面白がれる人というのはいません。特に仕事では、「面白そう!」と思えることは、そんなに多くはないかもしれません。

だからといって、つまらなそうに働いていては、いっこうに伸びない。成長するチャンスそのものが減ってしまいます。

だからこそ、気乗りしないイベントに誘われたときや、一見面倒くさそうな仕事が振られたときこそ、とにかく「乗っかる」ことが重要なのです。

初めは気乗りしなかったイベントでも、参加してみたら面白かった、という経験を積み重ねていけば、そのうち誘われただけで反射的に「面白そう!」と思えるようになるはず。

無理せずそう思えるようになれば、あなたは立派な**「面白がり屋」**です。

機会があればまず乗っかってみる。

特に結婚パーティなんて、新郎新婦とより親密になるきっかけになるでしょうし、知り合いも増やせるチャンス。乗っからない手はないわけです。

▽面倒な仕事が振られる人になろう

やっかいな仕事があったとします。みんなが敬遠しそうな、面倒な仕事です。そんな仕事をお願いされたとき、どう思いますか？

「面倒くさいけど、せっかくの機会だしやってみよう」

と思えますか？　それはなかなか難しいですよね。

試しに、最近上司からやっかいな案件を振られたときのことを思い出してみてください。心から「やってやるぞ」という気持ちになれたでしょうか？

では逆に、仕事を頼む側の気持ちを考えてみましょう。面倒な、誰もがいやがりそうな仕事を、誰に頼みますか？

言われたことを黙々とやるだけの、ちょっと感受性のニブそうな人に頼む。それもありかもしれませんね。文句を言われる心配はないわけですから。

でも、もっといい人がいるはずです。例えば、周囲にこんな人はいませんか？

あいつです。何でも楽しそうに取り組んでくれる人。

たとえ何の変哲もない仕事を頼んでも、「面白そうですね！」と喜んでくれる。やっかいな仕事でも「とりあえずやってみます！」と言ってくれる。

そういえばあいつ、トラブルで大炎上しているプロジェクトでも楽しそうにやっているから、「何が面白いの？」って聞いてみたら**「クライアントの無茶で理不尽なリクエストが、逆に面白いんですよ」**とすら言っていたなぁ……。

そんな人がいたら、仕事を頼んでみたくなりませんか？

そしてもしあなたが上司だったら、積極的にそんな部下の悩みを聞いたりアドバイスをしたりしてあげたくなりませんか？

楽しそうに仕事をする人は、ただ言われた通りにやるだけの人よりも、主体的に取り組みます。アイデアも自分から出そうとします。

それを見ていると、周りも楽しくなってくる。期待以上の結果を出してくれたら、「やっぱりあいつに頼んでよかった」となる。

こう考えると、やっかいな仕事こそ自分から手を挙げて取り組むべきだと言えるでしょう。

でも、「面倒な仕事を振るのって、好意からというより厄介払いの意図もあるのでは？」と思う人もいるかもしれません。確かにそういうケースもあります。**あなたに面倒な仕事を振った上司は、もしかしたらあなたに期待していないのかもしれません。**

それはそれで仕方がありません。

それでも、「期待されていないときこそチャンス」という考え方もあります。期待されていないからこそ、大胆に思いっきりできるのですから。

大企業の社長になった人のエピソードでよくありますよね、左遷された部署で思いっきり良い結果を出して、その功績が認められて出世したとか。赤字子会社の社長にさせられて、周りからあいつは終わったと言われていたのに、見事に黒字化させて返り咲いたとか。

面倒な仕事をやり遂げたときの称賛というのは大きいのです。

仮に面倒な仕事をやり遂げなくても、面倒だとわかっている仕事に平常心で取り組んでいるだけで、普通だったら逃げ出すのにアイツはすごいという評価になるのです。

まさに、**「災い転じて福となす」。**

だから、期待されていようが期待されてなかろうが、やっかいなことこそ自分に降ってこいと思っていてもいいぐらいなのです。

僕は、この「災い転じて福となす」を常に意識しています。

災いが起きたときというのは、平時の状態がゼロだとすると、マイナスの状態なわけです。その災いを取り除いただけでは、マイナスからゼロに戻っただけ。

たいていの人は災いを除こうとしか思わないし、トラブルを歓迎する気持ちになれません。でも、災いがあるたびに、一気にプラスの状態にもっていくことができたらどうなるでしょうか？

そのたびに、周囲の評価が高まるし、自分も成長できる。

そう考えると、むしろ「災いよ、どんどんこい」と、大歓迎なわけです。

松下幸之助さんは、**「好況よし、不況さらによし」**とよく言っていたそうです。

そして僕たちの会社でも、**「問題が起きたらワクワクしよう」**をリーダーの心得の1つにしています。

ところが、そうはいっても「面倒な仕事を面白がるのはムリだ」と思う人は多いかもしれません。

つらいものはつらいし、上司から期待されていないのにがんばれるわけない。

でも、目の前の仕事を面白がれないのは、あなたの中で何かが邪魔をしているのです。

それに、目の前の仕事を面白がれない限り、この先も仕事を面白がることはできないでしょう。

初代ドイツ帝国宰相ビスマルクは言っています。

「人生は歯医者の椅子に座っているようなものだ。さあこれからが本番だ、と思っているうちに終わってしまう」

目の前のタスクこそ面白がるべき

誰だってやりたくない仕事はあります。

そんな仕事に対しては、モチベーションが上がらないのが普通かもしれません。

でも、どんな仕事に対しても楽しそうに取り組む人こそが、次から次へと仕事を頼まれ、成長すると書きました。そのためには、とにかく「面白がり屋」になりたいものです。

「面白がり屋」は、仕事でもプライベートでも、好奇心を持ってチャレンジしようとする人です。

僕は、ビジネスにおいても人生においても、「面白がり屋」になることがとても重要ではないかと考えています。面白がる人がアイデアを出すし、アイデアを出すことでより面白がる人になっていく。その正のスパイラルをつくるのです。

そんなことを言われても、やっかいな仕事を振られて楽しそうにしているなんて、もともとの性格がすごく前向きだからできることじゃないか、なんて思うかもしれませんね。

でも、大丈夫です。それは違います。誰でもできるということを伝えたくて僕はこの本を書きました。

持って生まれた性格などではなく、必要なノウハウを身に付けることで、誰でも目の前の仕事に面白がって取り組めるようになるのです。

その証拠に、僕は平凡な人間で、いいかげんな性格です。

でも、自分の会社を立ち上げてから、とことん楽しく働くよう工夫してきました。

そして、「すごく楽しそうに働いているので、仕事をお願いしたくなりました」と言ってもらえるようになったのです。

その経験から学んだのは、誰でも仕事に前向きになれるノウハウが存在するということです。

そのノウハウを実践すれば、目の前の仕事が楽しくなり、面倒な仕事が振られても主体的に取り組めるようになります。

僕の会社に入ってきた新人たちも、そのおかげで、しばらくすると実に楽しそうに働くようになります（社長の僕が言うのも何ですが）。

そんな風に、人間は変わることができるのです。

この本では、誰でも「面白がり屋」になれるノウハウをまとめてみたいと思います。

ノウハウを実践するためのステップは、大まかに次の3つに分けられます。

①とにかく乗っかる
②自分からアイデアをたくさん出す

③楽しいと周囲に伝える

なんだか、他のスキルアップ本に書いてあるノウハウとはまったく違いますね。「①とにかく乗っかる」は、すでに述べたように、目の前に現れた機会に、まず乗っかることです。

初めはイヤイヤでもいいんです。重要なことは「面白そうだから乗っかる」ではなく、「とにかく乗っかる」こと。面白そうに見えなくても、まずはトライしてみます。そして、イヤイヤでも「とにかく乗っかる」ことができるようになるためには、自分の中に越えなければならない「壁」があります。これについては、後ほど詳しく説明しましょう。

次のステップ「②自分からアイデアをたくさん出す」は、僕たちの会社でとても大切にしているプロセスです。実はこの段階こそが「面白がり屋」になるための最大の肝《きも》で、イヤイヤ取り組んだことを面白くしてくれます。

重要なのは、練習すれば誰でも自分からアイデアをたくさん出せるようになるということです。次々と新しいアイデアを考え出すことで、アウトプットの質を上げられるだけでなく、仕事に主体的に取り組めるようになり、モチベーションも上がっていくのです。

アイデアを出すスキルとは、なにも企画や制作の仕事をしている人だけに必要なものではありません。どんな業界のどんな職種の人でも、ぜひこのスキルを身に付けてほしいと思います。

そして、アイデアをバンバン思い付けるようになったら、仕上げの段階として「③楽しいと周囲に伝える」。ここでは、実際に周囲に「楽しくて楽しくて仕方がない」と声に出してアピールすることが重要です。

言葉にして言うことでみんなの記憶に残り、さらに新しい仕事が持ち込まれるようになるでしょう。また、楽しそうにすることで周囲の雰囲気も良くなって、チームのパフォーマンスも上げられるようになります。

この3つのステップを繰り返すことで、何か面倒なことが起こるとイヤイヤ取り組んでいた自分が、ワクワクしている自分に変わっていきます。

そうすれば、最高の「面白がり屋」へ一直線です。

ここからは、この3ステップに沿って話を進めていきましょう。

▽「自分フィルター」を捨てる

さて、繰り返しになりますが、まず必要なのはとにかく目の前に現れた物事に対して「乗っかる」ことです。

一見すると面倒くさいことほど、「せっかくの機会だしやってみよう」とトライすることに意味があります。

でも、どんなことに対しても自然にそう思えるようになるのは、なかなか難しいことです。初めは、気が進まなくても乗っかることを意識してみてください。

「とにかく乗っかる」というのは、言い換えると「自分の中の壁をなくす」ということでもあります。自分の中に壁があると、素直に行動できないのです。

人は誰しも心の中に偏見や常識を持っています。

これだけ情報があふれている世の中ですから、偏見や常識で壁を作って自分を守らなければ、不要な情報にさらされて、疲れてしまいます。

つまり壁とは、入ってくる情報をセーブする自分専用のフィルターのようなものなのです。この自分フィルターがあるからこそ、必要な情報を効率よく得ることができるとも言えます。

ところが、この自分フィルターは、自分にとって有益な情報も阻んでしまう可能性があります。

しょせんこのフィルターは、自分のこれまでの常識で作られているからです。未知のもの、食わず嫌いしているものは、せっかく人から薦められてもフィルターに引っかかってしまいます。

これでは成長できません。

自分フィルターを取り除けば、人から聞いたり何かで読んだりした内容について、「自分には関係のないことだ」と無意識のうちにスルーすることはなくなります。

これは仕事を楽しむために重要なステップです。

「仕事がつまらない」と愚痴ばかり言っているだけでは、何も変わりません。「自分がやりたいことならやる気が出るのに」と思っているだけでは、自分のやりたい仕事を勝ち取ることはできないでしょう。

まずは、いま目の前にある仕事を「人ごと」にせず、「自分ごと」として取り組ま

なければならないのです。

そのために、自分フィルターを取っ払う必要があります。

ところで、この話をすると必ず「自分の判断（フィルター）には自信があるから問題ない」と言う人がいます。そんな人は、逆に要注意です。

読むだけでタバコがやめられる『禁煙セラピー』という本があります。世界中で翻訳され、大ベストセラーになっています。

この本によると、自分はタバコなんてやめようと思えばいつでもやめられると思っている人が、実は一番やめにくいのだそうです。一方で、自分はどうしてもやめられないと思っている人のほうが、スパッとやめられる。

これはまさにその通りです。

僕たちの会社は「禁煙企業」をうたっていて、あるときタバコを吸う人全員で禁煙に取り組み、成功しました。そのときに役立ったのがこの本なのですが、いつでも自分はやめられると思っている人が一番禁煙するのが難しいということを実感しました。

これは、悪質な宗教に「俺はハマらない」と思っている人が、実際にハマったときに一番抜け出しにくいのと似ているかもしれませんね。

自分の判断に自信を持っている人は、たとえ間違ってしまっても、その判断を容易には変えようとしません。

一方で、自分の判断なんて当てにならないと思っている人のほうが、人から聞いたり本で読んだりした内容を素直に受け入れます。

これは言ってみれば、自分の考え方を常にアップデートしているからでしょう。そんな人のほうが、自分が間違えてもすぐに軌道修正できるのです。

確かに自信を持つことも重要ですが、自分はまだまだ素直じゃない、もっと素直になれる、自分の判断なんて当てにならないと思っているぐらいのほうが、ちょうどいいのです。

乗っかれるのは40人に3人

「とにかく乗っかる」ことの大切さについては、どれほど口をすっぱくして言っても足らないくらいです。

もともと世の中には、全然素直じゃない人が、意外と多いからです。

松下幸之助さんも、人の話は素直に聞かなければならないと思っている人が、世の中に少ないことにびっくりしたと言っていたそうです。まさにその通りだと思います。

僕も昔から、意識して素直に乗っかることを心がけています。

例えば高校生のとき、こんなことがありました。

型破りな漢文の先生がいて、授業はほとんど雑談ばかり。手相や人相学や易学といった不思議な話をたくさんしてくれるので、みんなに人気がありました。

高校3年の終わりごろだったでしょうか、その先生が「俺が教師をしているのも、お前らにこの本を読ませたいからだ！」と言って紹介してくれた本がありました。

そこまで熱く薦められたのですから、読まないわけにはいきません。その日の放課後、さっそく本屋に行って購入し、読んでみました。

ちなみにその本は、来世や過去生について語られた本で、当時の僕にはちんぷんかんぷんな部分もありましたが、当時の自分なりに今後の生き方についていろいろと考えるきっかけになりました。

ところが数週間後、授業で先生が「あの本、読んだ人はいるか?」と聞いたところ、僕を含めて3人ぐらいしか手を挙げませんでした。

40人ぐらいのクラスでたったの3人です。

先生が本を紹介したときにメモを取った人は、もっとたくさんいたはずです。その人たちは、きっといつか読もうと思ったはずです。

でも、すぐに行動に移したのはたったの3人。数週間たって行動しなかった人は、おそらくその後も読むことはないでしょう。これは非常にもったいないと思います。

来世や過去生なんて自分には関係ないと思ったのかもしれませんが、そもそもその授業は自分が何らかの興味を持って選択した授業なのです。

その先生が熱く薦めてくれたのですから、とにかく乗っかって読むべきでしょう。

そうすれば必ず何らかの発見があります。

「40人のうち3人」というのは、一般に「とにかく乗っかってみよう」と思って行動できる人の割合を示しているんじゃないかと思います。これくらい少ないのです。

人気のあった先生の話を素直に聞くことでもこれくらい難しいのですから、**自分が**

認めてない人の話を素直に聞ける人は、ほとんどいないでしょう。

僕が社会人になって数年経ったときのことです。ふと手にした雑誌で、大学時代に教わった教授が愛読書を紹介していました。その先生のことは、正直に言うと学生時代はあまり尊敬していませんでした。

でも自分に縁のあった先生の愛読書なのだから、ひょっとしたら何かヒントになることがあるかもしれないと思って、アマゾンでさっそく注文してみました。届いた本を読んでみたところ、ビックリ。まさに「目からウロコ」です。日本初のヨガ行者、中村天風さんについての本だったのですが、そのときの自分に必要なことが書いてありました。

やはり、自分の人生に何らかの関わりがあった人というのは、自分に必要なメッセージを何らかの形で与えてくれるのだなと思いました。

そして、自分は学生のころその先生の一面しか見ていなかったことに気づき、反省しました。

考えてみれば、先生を認めないという判断は、しょせん自分フィルターが作った独りよがりなものです。

むしろ、認めていない人にこそ、もしかしたら自分を成長させてくれるきっかけがあるかもしれないと思うべきなのです。

人が人を嫌いになるのは、精神分析の考え方では、自分自身が持っている自分の嫌いなところ（影の部分）をその人が持っているからなのだそうです。

ということは、自分が認めていない人の話も素直に聞くことができれば、人生において重要なヒントが得られるはずです。

それともう1つ。人の話を聞いた時や、あるいは読書した時などに僕が心がけていること。それは、自分がその考え方がよくわからない、とか、ピンとこない話にこそ、自分の考えがアップデートされるチャンスがあると、逆に注意深く見たり記憶したりするようにしているということです。人は気をつけないと知らず知らずに自分と考え方が同じ人や、共感できる話だけを拾ってきてしまいます。それによって自分の考えが強化されるという良さもあります。ですが、逆にそうではないことにこそ人生のヒントがあります。その時にどういう意味かはわからなかったり、共感できなくても覚えておくと、後で意外とその意味がわかったりするものなのです。その結果、物事の捉え方が多面的になります。多面的に見られるということは、アイデアが豊富になるということを意味し、これも素直でいることの効能の1つです。

▽経営者が筋トレに励《はげ》む理由

「とにかく乗っかる」ためには、人の話を素直に聞いて、すぐに行動に移す必要があります。

つまり、「面白がり屋」はフットワークも軽いのです。

先ほどの漢文の先生の例でも、素直に聞いてメモを取る人はたくさんいました。それが、実際に本を購入して読むところまでにはいたらないのです。

本当に素直な人というのは、実際に行動する人のことです。そうしなければ、自分に変化は起きません。

例えば仕事で何か問題が起きた場合に、とりあえず行動を起こすことで、あっさり解決してしまうことがあります。

気が進まなかった案件について、思い切って電話をしてみたら簡単に話が進んだ、なんていうこともよくあります。

職場での人間関係だって、フットワークを軽くすれば、たいていはスムーズにいきます。

例えば、上司と部下の関係がぎくしゃくしているときは、上司が「あいつが相談しにきてくれればいいのに……」、部下が「上司なんだから少しは声かけてくれてもいいのに……」とお互い勝手に思っていたりします。

こんなときは、上司だから部下だからなんて立場にはこだわらずに、**「コミュニケーションを先に取ったほうが勝ち」**と思って、自分から声をかければいいのです。

僕らの会社では、そう考えるようにしています。

少しでも面白そうだと思ったら、何でも試してみる。これは仕事に限ったことではありません。

むしろ仕事以外のことでも、素直に試してみることで自分の可能性が広がります。その経験が、結果として仕事にも生きてくるかもしれません。

ソニーの創業者である盛田昭夫さんは、なんと60歳を超えてから、テニスやスキューバダイビング、スカイダイビングを始めたのだそうです。

世界的な経営者として忙しい日々を送りながら、趣味もとことん楽しむ。しかもこうした趣味は、世界中の著名な経営者とパイプを築くのに役立ったのだとか。ソニーが映画会社や保険会社を始めることができたのも、盛田さんの趣味のおかげだったのかもしれません。

かくいう僕も、面白そうだと思ったらまず試してみることにしています。十数年前からは、筋肉を愛《め》でています。

ある日、うちの会社へ営業にきた方が、やけにいい体つきをしていたので、「いい体していますね〜」と何気なく言ったところ、その人は1時間半も筋肉の魅力について語ってくれました。彼は「胸部門」で学生チャンピオンになったこともあるボディビルダーだったのです。

そして「やなさわさん、週に1回、1〜2時間のトレーニングを2カ月続ければ、ブラッド・ピットになれますよ」という言葉に動かされて、次の週には勧められたジムに入会し、彼にトレーナーをお願いすることになりました。

それから週に1回のジム通いが待ち遠しくなるほど、トレーニングに打ち込んだのです。

これはとても特殊な感覚なのです。**30歳を過ぎていろいろと衰えていく体の中で、筋肉だけが別の生き物のように成長している。**ちなみに最近は、見せるための筋肉を盛りすぎてしまうと実用的ではない部分もあり、趣味のサーフィンに支障があるので、ほどほどにしています。

筋肉を鍛えるようになって気がついたことがあります。経営者たるもの、体を常にベストな状態に保つように努力をしなければならないということです。

なぜなら、自分の体に自信がないときは経営判断も鈍るからです。趣味で始めたことであっても、やはり仕事に対して良い影響を与えてくれることがわかりました。

ところで、どうしても乗っかって行動できないという人もいます。

頭では「自分にプラスになるのでは」とわかっていても、「やっぱり、自分にはできない」と躊躇してしまうのです。

これはやはり、自分フィルターでものを見ていて、無意識のうちに判断を下しているからでしょう。

そのような人には、この言葉をプレゼントします。それは、**「できない」のではなく「やってない」**だけなのです。

たいていのことはそうです。問題は、「できない」のではなく「やってない」のです。この言葉を唱えながら、まずは思い切って行動してみることをお勧めします。ほとんどの場合、思ったより簡単に問題は解決するはずです。これを何回も繰り返せば、いつの間にかフィルターなんてなくなっているはずですよ。

▽ありえない案も出すから楽しい

さて、「とにかく乗っかる」ことの重要性を理解し、実践できるようになったら、次のステップです。

それは、乗っかったことを楽しむということです。

せっかく思い切って行動してみても、つまらなかったら、次にまた別の機会があっても乗っかりたくなくなってしまいます。

「イヤイヤでもやってみたら面白かった」という体験をするからこそ、次にまた面倒なことがあったときに試してみようと思えるのです。

それでは、どうすれば楽しくなってくるでしょうか？

ズバリ、「自分からアイデアをたくさん出す」ことです。それは、「すごくないアイデア」でもかまいません。

受け身でいては何事も楽しくありません。だからまず、「自分から」主体的に取り組もうとすることが重要です。

そして、面白いと思えるポイントというのは人によって違いますから、自分が楽しめるポイントを探すために、アイデアをたくさん出します。

1つ2つ考えてみたけど楽しくならなかった、では「面白がり屋」とは言えません。

先ほどの結婚式の例で考えてみましょう。多くの人が集まる会がもともと苦手な人はいますね。知らない人と話すのが得意でない人は、パーティそのものをなかなか楽しめません。

そういう人でも、それなりにきっと面白がれるポイントがあるはずです。

例えば、食べ物に興味があれば、出される料理を楽しみにしたっていいですし、服に興味があれば、会に参加している人がどんな格好をしているのかをじっと観察したっていい。

写真が趣味なら、頼まれてなくても、誰よりもいいカメラで新郎新婦を撮影して、後でアルバムにしてプレゼントする。

こんな風に、面白がれるポイントはいくらでもあるはずです。

自分がパーティに行っても楽しめないんじゃないかと悩んでいる暇があったら、自分が面白がれそうなポイントを10個でも100個でも考えればいいのです。

つまらない仕事を頼まれたときはどうでしょう。つまらないというけど、本当にそうでしょうか？　どこかに自分が面白がれるポイントはありませんか？

必ずあるはずです。予算は少ないけれども、自分が試したいと思っていた新しい技術を使えるとか。

クライアントの担当者が怖そうだけれども、その会社にかわいい女性（あるいはイケメン）がいるとか。

あなたが面白がれるポイントは、必ずあるはずです。

もし、本当に驚くほどつまらない仕事だったら？　今度は逆に、そんなにつまらない仕事を全力で黙々とやる自分が面白く見えてきませんか？

そして、みんなの期待をはるかに上回るような成果を上げることができたら、最高です。

自分が乗っかった仕事を楽しむためには、まず自分が面白がれるポイントを探すためにアタマをひねってみるべきなのです。

ところで、企画の仕事でもしていない限り、ほとんどの人はアイデアをたくさん出す訓練なんて受けていません。

でも僕は、「アイデアをたくさん出す」というスキルは、どんな仕事をしている人でも必ず役に立つと思っています。どんな仕事にもクリエイティブな面が必ずあるからです。

例えば営業職なら、「この地区にいる潜在顧客に売り込む方法」を100個考えれば、そのうち1つは目覚ましい成果を上げるかもしれません。

「自分からアイデアをたくさん出す」うえで重要なのは、「たくさん」出すというところです。なぜなら、初めからすごい名案を思い付くことはできませんし、多くの案を考え出すことで、なんだか楽しくなってきて、気持ちがポジティブになってくるからです。

例えば、「いまから1時間以内に100個アイデアを出す」と決めるとします。そうすると、なんとか100個を達成するため、帳尻合わせのように明らかにありえない案、荒唐無稽な案も出さなければならなくなります。

「いまから空を飛ぶぞ！」とか。

もちろん、こんなアイデアは実現しません。

でも、**このありえない案を出す過程そのものがなんだか楽しいのです。**

つまらない仕事を面白くするためにどうしたらいいかを考えるだけで楽しくなってしまった、というわけです。

そして、たくさんの案を出すためには、さまざまなものの見方をしなければなりません。

自分がつまらないと思っていることでも、視点を変えていくと意外な発見があったりする。

そして、当初はありえない案だと思っていたものから、それをきっかけとして問題を解決する斬新な案が生まれることだってあるのです。

もし、「プリンを食べる」というアイデアを思い付いてしまったとします。これって、ただ自分がプリンを食べたいから出てきただけかもしれません。

でも、これも立派な1つのアイデア。

思い付いちゃった以上は、とにかく乗っかって実行してみる。

フットワーク軽くコンビニにプリンを買いに行って、食べてみる。

そうしたら、なんだか楽しくなってきませんか？

ふざけているように思うかもしれませんが、これも「面白がり屋」の発想なのです。

誰でもたくさんのアイデアを出せる

アイデアをたくさん出せるようになるということは、人生において選択肢を増やせるようになるということです。

選択肢が多ければ、行き詰まらずにすみます。そもそも深刻になっているときは、もう打つ手がない、どうしよう……と選択肢がないから絶望的になるのです。

あの手がだめならこの手、この手がだめならあの手。打つ手が残されているとわかれば、人はポジティブになれるからです。

つまり、**前向きに生きるために必要なのは、性格を変えることではなく、アイデアをたくさん思い付けるようになるノウハウなのです。**

では、アイデアはどうやったら出せるようになるのでしょうか？

確かに、「すごいアイデア」を思い付く人間に1日でなることはできません。歴史を動かすほどのアイデアは、やはりその人の能力と努力の積み重ねあってのものです。

それに、努力すれば「センスがいいアイデア」を出せるようになるとも限りません。素質がある程度ものを言う世界では、例えば、がんばってもみんなが優れたコピーライターになれるわけではないのです。

でも、訓練すれば誰でもアイデアをたくさん出せるようになります。

それこそ、子供でも。

僕はそう確信しています。

なぜなら、『アイデアのつくり方』という名著でジェームス・W・ヤングが述べているように、**「アイデアとは既存の要素の新しい組み合わせ以外の何ものでもない」**からです。

そうです。アイデアとは「組み合わせ」なのです。

ちょっとしたコツをつかめば、新しい組み合わせを見つけるのは簡単です。

例えば、あえて制約条件を決めると、完全に自由に考えるよりもはるかに案を出しやすくなります。テーマを決め、制限時間を決めれば、「30分で50個アイデアを出す」ことは、思ったよりずっと簡単なのです。

そして、組み合わせを見つけるための「発想法」が、すでにたくさんあります。中には誰でも簡単に使えるものもあります。

こうしたノウハウを身に付けていくと、どんな人でも確実に多くのアイデアを思い付く力がつきます。「すごいアイデアを考えよう」として案を出せなかったころとは大違いです。

僕の会社カヤックでは、頻繁にアイデア会議を開きますが、入社したての社員はたいして案を出せません。でも、数カ月もするとどんどんアイデアを出せるようになるのです。

社員は日ごろからアイデアをたくさん出すための訓練を積んでいますが、その成果を僕は会議を通して実感しています。

この本の後半では、僕の会社で実践してみて、誰でも始められて効果があるとわかったこうしたノウハウを紹介していきます。

▽「楽しい」と自分から言ってみる

目の前の物事に素直な気持ちで乗っかり、そして自分から主体的にアイデアを出すことができるようになったら、どんな仕事に対しても楽しく取り組む「面白がり屋」へあと一歩です。

この段階までくれば、あなたはビジネスでもプライベートでも楽しくて仕方がないはずです。

そうしたら、その気持ちを自分の中にとどめておくのではなく、周囲に伝えましょう。

それが、「楽しいと周囲に伝える」というステップです。

僕はもうずいぶん前から仕事が好きで、楽しくて楽しくて仕方がありません。本当にそう思うので、「毎日が楽しくて仕方がない」と実際に口に出して宣言しています。

楽しいと口に出して伝えることで、人の記憶に強く残る効果があると思います。社内で上司や同僚に「あいつがんばってるなぁ」と印象付けられれば、次のやりがいのあるプロジェクトを任されるかもしれません。

そういえば僕らは、社外の人に「楽しそうに働いているので、ぜひ仕事をお願いしたくなりました」と言われたことが何回もあります。

脳のメカニズムでは、感情が動かされたときほど記憶が鮮明に残るのだそうです。自分が楽しそうにしていることが相手に伝わり、その人の記憶にしっかりと刻み込まれるわけです。

例えば、僕は講演会などで依頼されて人前で話をすることがあるのですが、そんなときに、ふと思い付いた面白い話をしようとして、脱線してしまうことがよくあります。

そんなときは、**言う前から自分が笑ってしまいます。**聴衆のみなさんには意外とこれが記憶に残るようで、「柳澤さんが自分の話を面白がっているのが印象的でした」といった感想を寄せてくれます。

面白がっている様子を憶えてもらえれば、仕事の依頼が増えたり、人を紹介してもらって人脈が広がったりと、得することが増えるはずです。

できるだけ、楽しいことを態度に表して、そして言葉にして宣言しましょう。

また、楽しくて仕方がないと伝えることには、もう1つ効果があると思います。

それは、実際に口に出して言うことで、自分が楽しい状態にあるということを心から信じるようになるのです。

経営者のバイブルである『ビジョナリー・カンパニー』というベストセラーでは、次のように述べられています。

「社会心理学の研究によると、人々はある考え方を公言するようになると、それまではそうした考えを持っていなくても、その考え方に従って行動する傾向が際立って強くなる」

つまり、**自分が楽しいと宣言することによって、自己暗示がかかるのです。**

こうして、さらに楽しくなってくるというわけですね。

逆に、とてもじゃないけど面白がれるような状況じゃないときでも「楽しい」と言うことで、本当に仕事が楽しくなってくるはずです。

この先行きが不透明な社会では、大きな会社に入っても将来が安泰とは限りません。

小さい会社に入った人は、周りに目標となる先輩もおらず、不安に思ってスキルアップの本を買って勉強しているかもしれません。

でも、そんなときこそ、「楽しくて仕方がない」と宣言し、面白がって仕事をするほうがずっといいでしょう。

資格の勉強も大切ですが、どんな仕事でも面白がって取り組むことができるノウハウを身に付けることも、とても大切だと僕は思います。

確かに、将来が不安な人に、「目の前の仕事を面白がれ」と言っても、「それどころじゃない！」と思うかもしれません。

でも、「面白がり屋」になることが自分の道を切り開くのだと信じて実践すれば、必ずあなたは変わることができます。

重要なのは、信じて取り組むことです。T型フォードで自動車の大量生産の方式を確立したヘンリー・フォードもこう言っています。

「『できる』と信じるか、『できない』と信じるか。どちらも結果は完全にその通りになる」

▽神様にフェイントをかけてみよう

さて、ここまで仕事を面白がるためのノウハウについて説明してきました。

目の前の物事に乗っかり、自分からアイデアを出して、周りに楽しいと宣言すれば、誰でも必ず仕事が面白くなってきます。

そして、目の前の仕事を面白がることが、本当に自分がやりたい仕事へとつながっていくはずです。

そのためにも、第一歩を、いまここで踏み出してみましょう。

自分に変化をもたらすために、誰にでもすぐできるエクササイズを、1つ紹介します。

どうぞ乗っかって実践してみてください。

いつも乗る電車のホームにいって、いつも行く方向に乗るとみせかけて、反対の方向に行く電車に乗ってみてください。

そして、しばらく電車に揺られて旅をするのです。

何が起こるでしょうか？

これは、放送作家で、映画「おくりびと」の脚本も手掛けた小山薫堂さんの著書である『考えないヒント』に書かれている**「神様にフェイントをかける」**という方法です。

いつも通り行動すると見せかけて、突然違う行動をして神様にフェイントをかけることで、きっと何かいつもと違うイベントが起きたり、自分に気づきがあるのではないか、というものです。

僕もこの話を聞いてすぐ、素直に乗っかって、反対方向の電車に乗ってみました。で、どうだったのかというと、えーっと、特筆すべき劇的なイベントは起きませんでした……。

ここで、すごい出会いがあったりすると、面白い話になるんですけどね。

がんばって人間観察したり、考えごとをしてみたりしたところ、やっぱり満員電車はイヤだなぁなどと再認識したくらいでした。

ひょっとして、最初から僕がそれほどドラマティックなことは起きないだろうとか思っていたのがいけなかったのかな……。

でも、それでもいいんです。得たことはあるのです！　この本のネタの1つになりましたし。

自分がこうやって素直に乗っかって行動できるのだということを確認することにも意義がありました。面倒だと思っていたけれども行動できるようになったのだとしたら、大きな進歩ですよね。自力で一歩踏み出せたのですから。

そんな自分になれたことを、ほめてあげましょう。

乗っかって行動しても、損はありません。

こんな簡単なエクササイズで自分に発見があるのだから、試してみる価値はあります。

ところが、このような話をしても、反対方向行きの電車に乗ってみる人は、先ほどの漢文の授業と一緒で、せいぜい40人に3人かもしれません。

そして、残りの人はきっと、その行動に「意味がない」と思うのでしょう。

でも、**意味がないからこそエクササイズとして最適なのです。**

最初から意味がありそうに見えることなら、誰だって素直にやってみようと思うでしょう。一見意味がなさそうなことに「乗っかってみる」ことを、このエクササイズで経験してもらいたいのです。

さぁ、この本を読みながらでもいいので、やってみてください。

そんなに難しいことじゃないですよ。絶対に発見がありますよ!

第2章

成長するためのヒント

わたしたちが生きることから
なにを期待するかではなく、
むしろひたすら、
生きることがわたしたちから
なにを期待しているのかが
問題なのだ。

ヴィクトール・E・フランクル

▽『夜と霧』に学ぶ仕事の楽しみ方

ユダヤ人の精神分析学者がナチス強制収容所での体験を綴った『夜と霧』という名著があります。

僕は何回かこの本を読み直しているのですが、そのたびに新しい発見があります。

中学生のころに読んだときは、ただただ恐ろしいという感想しかありませんでした。

大学生のころに読んだときは、少し厭世《えんせい》的な気持ちになりました。

そして、社会人になり、結婚して子供ができたいま改めて読むと、この本の中には世の中をポジティブに生きるための教訓が詰まっていることを発見しました。

アウシュビッツで起きていたことは、この平和ボケした日本に住んでいる僕らにしてみれば、現実感がまるでありません。

でも極限の状態に置かれた人間について書かれたこの本には、いまを生きるうえでのヒントがあります。

強制収容所では、常に死が隣り合わせです。昨日まで一緒にいた人が、突然ガス室に送られる。自分のとった選択が、生につながるのか死につながるのかわからないのです。

そこは何1つ法則性がない世界。だから、アウシュビッツから生還した人の話には、どのような行動を取れば生き残れるのかというヒントはないのです。

むしろ「どう行動すればいいか」という問いかけには、まったく意味がない。

この本では、自分が生きているということは、まだ人生でやるべきことがあるから生かされているにすぎないと書かれています。

これは僕にとって、実にシンプルで衝撃的な「真理」でした。

もちろん『夜と霧』の著者も、アウシュビッツにいるときはそんな風に考えていなかったかもしれません。結果として自分が生き残ったからそう感じるようになった可能性だってあります。

「自分はこの体験を世の中に伝えるために生かされているのではないか」と信じたからこそ、あれだけの名著を書き上げることができたのではないでしょうか。

僕らがいまこの世に生きているということは、何がしかの意味や目的があって、そのために生かされている。こう考えることで、人生が有意義なものになり、ポジティブに生きられると思うのです。

そして、『夜と霧』を書いた精神分析学者のヴィクトール・Ｅ・フランクルこそ、**究極の「面白がり屋」**ではないでしょうか。

なぜなら、過酷な環境で家族が命を落とし、自分1人生き残るという状況の中、収容所にいる人たちの心理を淡々と分析していくという離れ技をやってのけたのですから。

だからこそ、いま自分の仕事がつまらないと感じている人にこそ、『夜と霧』を読んでもらいたい。そして、自分が人生においてやるべきことが何なのかを考えてもらいたいのです。

この本にはもう1つ興味深い教訓があります。

強制収容所の中で、かつてないほどの大量の死者が出た時期はいつだったと思いますか？

それは、１９４４年のクリスマスから翌年の元旦の間です。

なぜかというと、到底起こりえないような非現実的な世界に放り込まれた人々が、「まさかクリスマスの日ぐらいは自宅に帰れるだろう」と思っていたのに、イブが過ぎても状況が何も変わらなくて精神的ショックを受けたからです。

これは、死者の数という数字にはっきり表れたそうです。

身近な状況に置き換えてみましょう。

つらい仕事を任されて毎日遅くまで働いて、土日も仕事をしている人が、「このプロジェクトが終わるまでの辛抱」と思っていたのに、プロジェクトの終了が延びたらどうでしょう。ガックリくると思いませんか？

あるいは、プロジェクトがせっかく終わったのに、すぐによりやっかいな仕事が振られるとしたらどうでしょう？　そんな人が転職を決意するというのもよく聞く話です。

でも僕は、そうやって転職した人には、たとえ会社が変わっても、目の前の仕事を面白がれるようにならない限り、同じことが起こる気がしてなりません。

いま自分が置かれている状態がずっと続くということは、きっとありません。

「いつかは終わる」「後で振り返るといい経験になる」と思うからこそ、苦しい時期を乗り越えられます。

ただ、「いつまでに終わる」と期待するのは、予定通り終わらなかったときのダメージを考えると、必ずしも良いことではない。

だからこそ、いまその瞬間を楽しむ努力をすることが重要なのです。

▽どんな悩みも「特別」ではない

実際、僕らがアウシュビッツに放り込まれたら、とてもじゃないけどその状況をポジティブに楽しむことなんてできないでしょう。いまの生活からは、環境がかけ離れすぎています。

でも、「だから自分には関係ない」と思うのではなく、そういった自分とは関係のない第三者の経験から、いま自分が置かれている状況でがんばるためのヒントを学ぶことが大切だと思うのです。

人生においては、一見すると無関係な情報から、自分が直面する問題を解決するヒントが得られることがあります。

例えば、仕事上で起きているトラブルを解決するヒントが、家庭の中にあるかもしれない。そのような意識でさまざまな物事を見れば、どんなことでも自分のこととして感じられるようになるし、人間として成長するはずです。

でも、実はこれがなかなかできない。

特に「仕事がつまらない」と愚痴ばかりこぼしている人は、周囲にヒントとなる話がいくらでもあるのに、素直に聞くことができません。

このような人の特徴は、自分だけが特別なのだと思ってしまっていることです。

悩んでいるとき、行き詰まりを感じているときは、誰もがそう思いがちです。でも、ちっとも特別ではないのです。というか、むしろ、他の人が見ると特別どころかたいした問題じゃないことだって多い。自分だけが特別だと人間は感じたいものですが、ほとんどの場合は誰にでもよくある問題の1つにすぎません。

あなたの周囲で、本人は一生懸命悩んでいるのだけど、それが他の人から見るとよくある悩みだったりすることはありませんか?

思い当たる節があるとしたら、いまあなたが悩んでいることも、たいした悩みじゃないかもしれないのです。

自分が特別ではないと知ることも、ポジティブになれる秘訣の1つです。

同じような悩みを持っている人を探すのは簡単です。

例えば、インターネットには「Ｙａｈｏｏ！知恵袋」「教えて！ｇｏｏ」などの相談コミュニティがあります。こういったサイトには、恋愛の問題、健康の問題、職場の問題などの悩みが寄せられています。

中には書き方がネガティブなものもあって気が滅入ってしまうかもしれませんが、自分と同じような悩みを持っている人が多いことがわかるでしょう。

ところで、そもそも仕事がつまらないと感じる理由は何でしょうか？

「仕事の内容が面白くない。自分のやりたいことと違う」

「とにかく忙しい。休みもなく働いていて、とても余裕がない」

「職場での人間関係がうまくいかない」

「将来が不安で仕事に打ち込めない」

といったところでしょうか。こういった悩みを抱えている人は多そうですね。

僕がお話ししている「面白がり屋」になるための3ステップを実践すると、こういった悩みも解決できると思います。

まず、自分の目の前にある仕事が楽しいと感じるようになり、そして次々と新しい仕事が持ち込まれるようになります。

自分から積極的にコミュニケーションを取るので、上司や同僚とも関係が良くなり、自分が成長する機会がたくさん得られるのです。

「将来の不安」なんかよりも「自分が次にやりたいこと」を考えて仕事をするようになるでしょう。

つまり、どんな仕事も楽しむためのノウハウというのは、いま自分が置かれている状況を改善していくプロセスを含んでいるのです。

いま目の前の仕事を楽しくするために工夫することからスタートして、それから、本当に自分がやりたいことに近づいていくというわけです。

▽採用された会社は自分に向いている

ところで、本当に自分がやりたいことって、そもそも何でしょうか？

ほとんどの人は、実際のところわからないのではないかと思います。

「やりたいことがわからない」というのは、特別なことではありません。

僕は自分たちの会社を立ち上げて20年以上経ちますが、最初の頃は、自分が何をしたいかなんてちっとも見えていませんでした。

創業して10年以上経った頃にようやく、自分の得意なこと、本当に心の底から楽しめることが見えるようになりました。

ですから、**やりたいことを探すなんてことよりも、自分ができることを楽しんでやることのほうがよっぽど重要だと思います。**

その延長に、自分が本当にやりたいことが見つかるからです。

とはいえ、世の中には「自分が本当にやりたい仕事は何か」を考えるあまり、目の前にある仕事を楽しめない人が多いと思います。

これは、景気が悪く、学生が就職活動をしてもなかなか希望の企業から内定をもらえない状況と無関係ではないでしょう。

そんな人は、せっかく入った会社で仕事に打ち込む前に、「これは自分がやりたかったことではない」と思ってすぐに転職してしまい、次の会社でも同じことを繰り返す可能性があります。

そもそも、学生のときに就職活動をしても、自分がやりたいことをそれほど深く考えないまま会社に入ることは少なくないはずです。

というより、**実際に働いてみないと自分がやりたいことなんて見えてこないのですから、学生のころにいくら考えても、「自分が本当にやりたいこと」なんてわかるわけがありません。**

そう思うのは、自分の就職活動体験があるからです。

僕が就職活動を始めたのはかなり遅いタイミングで、マスコミなどの業界ではエントリー期間が終わっていました。

みんなが活動しているのを見てあわてて始めたくらいなので、そもそも自分に何が向いているのか、何がやりたいのかなんて、それまで真剣に考えたことはありませんでした。

でも、そういったことを改めて考えてみても、どの業界のどういう会社が自分に向いているのか、さっぱり見当がつきません。

そこで、自分のちっぽけな判断で自分のやりたいことを無理やり決めるのはやめることにしました。まずはピンときた会社を受けてみて、ありのままの自分を正直に出すことにしたのです。

それで採用されれば「その会社に自分は向いている」ということなのだろうと思うことにしました。

自分が向いていることを仕事にすれば、まだ見えていない自分のやりたいことに近づくはず。

それに、人事部の人はきっと毎年何百人、何千人という学生を見ているから、その会社に自分が向いているかどうかなんて、僕以上にわかるはずです。

もし僕がいま就職活動をするのであれば、その業界や会社に将来性があるかどうかや、社長の人格、その会社の経営理念などを見て、そのうえ自分が向いているかどうかを基準にして選ぶと思います。

でも、学生のころにそんなことを考えられたとはとても思えません。

学生の僕が企業の事業内容を見たところでよくわかりませんし、将来性なんてほとんどわからない。それに、会社の業種は将来変わってしまうことだってありますよね。

僕は経営者という立場になったいまでこそ、会社において最も大切なものは経営理念だと思っています。でも学生のころに企業の理念を比べたり、理念に自分が共感できるかどうかを考えたところで、たいして参考にならないと思います。

それに、重要なのは社員が理念を大切にして行動しているか、理念を生み出すプロセスを共有しているかといったことなのであって、立派な理念があるからいい会社だとは限らないわけです。

そう考えると、学生が世の中の「評判」を見て志望する企業を決めるのも仕方がないでしょう。

僕はそういった「評判」すら情報として集めていませんでしたが、そんな中で採った「ピンときた会社を受けてみて、自分をさらけ出して向いているかどうかを面接官に決めてもらう」という作戦は、なかなか悪くなかったわけです。

あなたがいまの会社で働いているのは、少なくとも面接官が「この人はうちに向いている」と判断したわけですから、自分ではよくわかっていなくても、すでにやりたいことに一歩近づいているはずです。

だから、目の前の仕事が自分の本当にやりたいことかどうか判断できなくても、自分の人生はうまくいっているんだと自信を持ってください。

そして、いまを楽しむ工夫をあきらめないでください。

あ！ 1つ大切なことを伝え忘れていました。

面接官に判断を任せるのがいいといっても、それはあなたが自分を誠実にさらけ出すことが前提です。思いっきり嘘をついて入社した人は、面接官をだまして向いていない会社に入ってしまった可能性もあります。

誠実になるというのは、自分がやりたいことを見つけるためにも必要なことなのです。

▽塾講師は初対面で生徒の将来を見抜く

そもそも就職活動において面接官に判断を委ねようと思ったのは、僕が塾の講師のバイトを7年間していた経験があったからです。

長く塾講師をやっていると、新しい生徒が入ったときに、ある程度その子の未来がイメージできます。

「この子は、中学2年で遊びにうつつをぬかすけど、中学3年の受験前には奮起して志望校に受かるタイプ」「この子は、まじめだけど冒険しないで本当はもう1ランク上の学校に行けるのに堅実な道を選ぶタイプ」とか。

そして、その通りになることが多かったのです。

バイトの塾講師でそこまで見抜けるのだから、プロの採用担当者にその学生が自社に合っているかどうか見抜けないはずがないと思いました。

だから、もし受けた会社に全部落ちたら、自分の向いている会社はなかったということなのだから、海外にでも行こうと楽観的に考えることにしました。

そう思うと怖いものはありません。面接でもできるだけ誠実に自分をさらけ出せるようになりました。

「自分はまだ何ができるかわかってないけれども、こういう人間ですので、使い道がありそうなら採用してください」という姿勢でのぞめたのです。

こういった戦略が採れたのは、塾の講師という経験があったわけですが、注意しなければならないのは、判断を任せるといっても完全に相手に下駄を預けて、自分は努力を怠ってしまってはだめだということです。

つまり、ただ「僕はこの会社に向いていますでしょうか？」と聞くだけではだめだということです。

大事な判断を相手に委ねるわけですから、できるだけ判断材料を提示する必要があります。

自分という人間を、できるだけ誠実に伝えるために、とにかく工夫するのです。だってそうでしょう。「自分が何をやりたいのかわかりません。どうぞそちらで選んでください」と伝えただけでは、相手は判断できません。

「自分はこういうことをやってきました、こんな考え方をしています」といった判断材料をたくさん出し、しかもそれらをわかりやすく伝える努力をする。これは最低限やらなければならないことです。

こうして就職活動に取り組んだ結果、思いがけず複数の内定をいただきました。そしたら今度は、どこに入ればいいのかわからず、真剣に悩むことになりました。贅沢な悩みかもしれませんが、僕としてはここからのほうが大変でした。

そこでです。内定をもらった会社の正面玄関で、入ってくる社員を一日中見続けるという作戦を立てることにしました。

自分が何をしたいかはまったくわかりませんでしたが、そこで働いている社員を見ながら、自分に合いそうか、楽しく働けそうか、ということならなんとなくイメージできそうな気がしたので、それを見極めようとしたのです。

玄関でじっといろんな人の顔を見ていたら、面接でお世話になった人事の方にばったり会って、「君、何をしているんだ?」と言われたこともありました。

いま学生を面接する側にいるので、当時の僕はずいぶん大胆なことをしていたなと思います。そのころは自分がおかしいことをしているとはちっとも思いませんでしたが。

▽「マルチタスク」をこなす方法

仕事を楽しめない理由の1つに、「とにかく忙しい」ことが挙げられます。

パソコンとインターネットという便利なものが普及し、1人でこなさなければならない仕事の量は、以前と比べて格段に増えています。

どんな仕事でも面白がれるようになれば、仕事そのものが楽しいので、長時間働いていても苦にならないかもしれません。

でも、それには限界があります。

体を壊してしまっては元も子もありませんし、仕事をこなしながら生産性を上げて自分が成長しなければ、本当に自分がやりたいことに近づけないからです。

そこで、効率良く仕事をするために、僕が実践している「マルチタスクをこなす方法」を紹介しましょう。複数の仕事を並行して取り組むコツとも言えます。

自分のキャパシティ以上の仕事が目の前にあって、忙しくてとても楽しんでいる余裕がないという人は試してみてください。

１つのことにじっくり取り組むことは得意だけど、複数のプロジェクトを同時に進め、頭を切り替えながら仕事をすることが苦手な人はいます。

学校のテストにたとえるなら、最初の１問目でつまずいて時間を食ってしまって、制限時間内に最後の問題までたどりつけないパターンです。

ビジネスの世界では、そもそも順番通りに仕事に取り組めることのほうがまれですよね。同時並行は当たり前。頓挫《とんざ》したと思って忘れていたプロジェクトが突然動き出してテンヤワンヤすることも、よくあることです。

テストと違って仕事は自分1人でするわけではありません。いろんな人の都合でどうしたってマルチタスクになるのです。

だから、同時に物事を処理できるようになっておいたほうがいいのです。自分のキャパシティを超える量の仕事がきても、焦らないでこなせる方法を知っておきましょう。

やり方がわかれば、マルチタスクで仕事をするのは難しいことではありません。

学校のテストでは、まずは全体を眺めて、どのような問題が出ているのかを把握するのが効率の良い解き方だと言われています。全体像が見えればペース配分ができるからです。

つまずいたら飛ばしてすぐ次の問題にいくべきか、もう少し粘るべきかといった見切りをつけられるようになります。このやり方を知っているのと知らないのとでは大違いです。

僕は仕事柄、同時にいくつものプロジェクトを手がけているのですが、この「テストでまず全体を眺める手法」を応用しています。

そのためには、**「時間は有限であると常に意識して動く」**ことを心がけましょう。

僕は、会議やブレインストーミングをするときに、まず「1時間以内で絶対終わらすぞ」などと制限時間を宣言します。そして、冒頭で会議の目的やブレインストーミングのテーマを見直した上でスタートします。

これがテストでいうところの全体像を把握するのと同じ役割を果たすことになるのです。こうすることで限られた時間の中で効率よく成果を上げられます。

会議の冒頭にアジェンダを配るのもそのためです。アジェンダを作る側も受け取る側も、そこがよくわかってないことが多いのではないでしょうか。アジェンダも配らずにだらだらやっている会議は時間の無駄です。

僕が「1時間で終わらす」ではなく「1時間以内で終わらす」と宣言するのには理由があります。1時間もかからずに終わることもあるからです。

アイデアを出す会議では、開始から10分で良い案が出ることもあります。その場合は、残り時間があってもさっさと終える。

もちろん、そのためには開始10分で出た案がとても良いものだと判断できなければならないのですが、すでに結論が出ているのに無駄に1時間かっきりやることには意味がありません。

最初の打ち合わせの1時間でいいアイデアが生まれるかどうかを、仕事を引き受けるかどうかの判断基準にするのも良いかもしれません。

あらかじめ決めた制限時間の中でいいアイデアが出たということは、その仕事は僕がやるという運命であり、そうでない場合は縁がなかったと思ってあきらめるのです。

ベストセラー『地頭力を鍛える』の著者である細谷功さんは、それに続く『いま、すぐはじめる地頭力』という本でこのように書いています。

時間はお金と共通点があります。いずれも有限であり、他の最終目的を達成するために必要な「リソース」(資源)であり、これをいかに有効活用するかで最終アウトプットが変わってきます。(中略)もちろん、お金と時間には相違点もあります。時間は万人に平等に与えられますが、お金は生まれや運や努力で絶対量が変化します。(中略)じつは金銭感覚よりも時間感覚のほうが、はるかに個人差が大きいような気がします。私の目から見ていると、タクシーで初乗り料金を払うのに一〇〇万円の札束を出して「おつりはとっといて」とでも言っているような、もったいない時間の使い方をしている人がよくいます。

あなたは時間を大切にしていますか？

▽ハードルを上げる経験を積む

仕事をしていると、もっと時間があればもっと良いものが作れたのに……と思うことがあります。

僕もプロジェクトの締め切り間際になると決まって、せめてあと２日もらえれば（つまり、２日早く手をつけていれば）もっと良くなるのに、といつも思います。

あまりにも毎度のことなので、自分が情けなくなります。

でも結局、「十分時間があった」と感じることなんて、きっとこの先もないのでしょう。

つまり、時間があったらあったで、他にやりたいことがいくらでも出てくる。成長を続けている限り、どれだけ時間があったとしても、結局終わってみたら「もっと時間があれば……」ということになるのです。

だから、自分の仕事ぶりを自己採点すると、いつまでたっても100点満点中60点とか80点くらいになります。

それでいいのです。

今回の80点は、以前よりもハードルが上がったうえでの結果だから、前回の100点以上の価値がある。

そうやって成長していける人間になればいいのです。

成長して自分のキャパシティを大きくしていけば、どんどん大きな仕事ができるようになり、自分の目標へと近づきます。

では、どうすれば自分のキャパシティを大きくしていくことができるのでしょうか？

いまの自分には明らかにキャパシティオーバーである仕事を引き受けてしまった場合、締め切りに間に合わなくてプロジェクトが「炎上」してしまうでしょう。そうなると、多くの人に迷惑をかけてしまいます。

せっかくどんな仕事でも楽しめる「面白がり屋」になれたとしても、無謀な仕事を引き受けて迷惑をかけてしまっては意味がありません。

逆に、慎重になって簡単な仕事ばかりやっていると、成長のスピードが遅くなります。自分の限界値を少し超えるような仕事をしないと、限界値が上がらないからです。

だから、自分を伸ばすためには、自分のキャパシティと比べてどのくらいの負荷がある仕事を選べばいいのかを、判断しなければならないのです。

この見極めがうまくなるためには、ある程度の経験が必要です。

その仕事が自分のキャパシティと比べて上回っているかどうかを自分で判断しようとしても、当てにならないことが多い。

実は、その判断をするために上司がいます。上司が部下の「器」を見定めて、その器よりちょっとだけ大きいサイズの仕事を与えればいい。それがきちんとできる人が良い上司なのです。

そして、上司が適切な判断を下せるように、部下は日ごろからコミュニケーションを取って、上司に判断材料を提供するとよいでしょう。

ここまで説明したのは、良いアウトプットを生むための理想的なキャパシティの伸ばし方についてです。

一方で、必ずしも仕事の負荷を完璧には見極められないということも知っておく必要があるでしょう。

なぜなら、いつも同じパターンで仕事をしているわけではないからです。

確かに、これまでに経験したことのあるパターンの仕事であれば、ある程度最終形がイメージできます。

いつ終わるのか、どのぐらいの予算なのか、どこにどんな「地雷」があるのかがわかります。

でも、人は新しいことにチャレンジすることで成長します。それは、引き受ける前には、どうなるかまったく予想できない仕事であることも多いのです。

見極めがうまくいかなくて失敗するかもしれないけれど、未知の仕事にチャレンジしなければならないときもあるでしょう。そのようなときこそ、これまでの経験をフル活用して、どこにどんなリスクがあるのか手探りで進めることになります。

脳科学者の茂木健一郎さんは、『「脳」整理法』という著書でこんなことを書いています。

成功するかどうかわからない、不確実な状況に直面したときに、不安な気持ちを乗り越えてチャレンジし、それが成功するといった体験が一度でもあると、「不確実な状況下でチャレンジする」という脳のルートが強化され、そのような行動が苦労しなくても無意識のうちにとれるようになります。一方、不確実な状況を前にして、尻込みしてチャレンジすることを避けてしまって、それで済んでしまったということがあると、次に似たような状況が訪れたときに、ふたたび挑戦を回避してしまう傾向が強められてしまうのです。

未知の仕事をしっかり仕上げたという経験があれば、さらなる未知の仕事に対して恐れずに挑戦できる。

一方、確実に計算できる仕事ばかりやっていては、不確実なものに対していつまでたってもチャレンジできない。だからこそ、初めに未知の仕事に取り組む決意をする瞬間が大切なのです。

経験を積んだ「できる人」は、不思議なことに、新しいチャレンジングな仕事でさえも、必ず期限内に終わらせて、しっかりアウトプットを出すことができます。

なぜ、そんなことが可能なのか。傍《はた》から見ていると、秘訣はたった1つしかないように思います。

それは、**「引き受けた仕事は期限内に終わるものだ」**と思っているということです。

ずいぶん無茶な結論ですが、本当にただそれだけのような気がします。

それは「自分なら終わらせられる」と思っているというよりは、「引き受けた仕事というのは、期限内に終わるものなんだ。それが仕事の法則なんだ」と信じているようなのです。

きっとそう信じられるだけの、たくさんの修羅場をくぐってきたからなのでしょう。

この仕事の法則を強く信じるというのも、ある種のマルチタスクをこなす方法の1つと言っても良いのではないかと思います。

▽原稿を落とすマンガ家の心理

仕事がバリバリできる人も、きっと自分のキャパシティを超えた業務を抱えて、あたふたした経験があるはずです。

僕もそうです。

あたふたしてしまうと、マルチタスクをこなすどころか、テンパってしまって1つのタスクすらこなすのが難しくなってきます。

こういう経験はとても大切です。この繰り返しで自分のキャパシティが大きくなっていくといっても過言ではありません。

それに、キャパシティオーバーですべてが止まりそうな修羅場を切り抜けることも、長い目で見れば良い経験です。

僕の好きな藤子不二雄先生の『まんが道』というマンガがあります（現在は藤子不二雄Ⓐ名義）。

藤子不二雄先生は、ご存知のように小学校時代の友人2人でマンガを描いて、『ドラえもん』などのヒットを飛ばしました。

『まんが道』は、そんな自分たちの少年時代から青年時代までを描く自伝的な作品なのです。

その中にこんなエピソードがあります。

漫画家デビューした主人公の満賀《まんが》と才野《さいの》は、突然売れ出して多くの連載を持つことになります。

ただ自分たちのキャパシティ以上の連載を引き受けたことが裏目に出て、焦ってしまい、結局持っていた連載のほとんどを落としてしまうのです……。

このエピソードを読んだとき、なぜ連載を「ほとんど」落としてしまうのかがわかりませんでした。キャパシティを超えた分だけ落とせばいい、つまり仕事を選んで落とすものと落とさないものを見極めれば、最小限の被害で食い止められたのにと思いました。

他の人から見ると、そう感じるものなのです。

でも、自分のキャパシティを超えて複数のタスクが走ってテンパってしまうと、そんな風に事態を客観的に見ることがなかなかできません。そもそも正常な判断ができなくなるからです。

1つ1つクリアしていけばいいのに、正常に判断できないから、1つ1つの仕事の精度が低くなる。そうするとクリアしたと思った仕事で何度もやり直しが発生してしまうのです。

その結果、モグラたたきのような状態になってしまって、簡単に終わるようなタスクですら完了できなくなり、全部のタスクを落としてしまうのです。

周りの人にしてみれば、「えー！ なんでそんなこともできないの？」と言いたくなる。

そして、本人は自分がどんどん情けなく思えてきて、自信を失ってしまう。

きっとこういう経験をしたことがある人ならわかりますよね。

僕もそういう状態になりかけたことが何度かあります。

こういった状況を克服する方法がありますので、憶えておくとよいでしょう。

次の5つのステップがあります。

ステップ① まず、自分の置かれた状況を俯瞰《ふかん》的かつ客観的に認め、自覚しましょう。
「自分は、まんが道の満賀と才野が連載をほとんど落としたときの状態にいる」と認めればいいのです。これが大惨事を回避するための最初の一歩です。

ステップ② 次の段階として、仮に全部落としたところで自分の命まで取られるわけじゃない、みんなに迷惑がかかるかもしれないけど、それで死ぬわけじゃないと、自分をプレッシャーから解放してあげましょう。

別にたいしたことじゃないと、人類の歴史に立つぐらいに俯瞰して構えましょう。不思議なもので、最悪のケースを覚悟することで意外と道が開けるものです。破綻する時というのは、得てしてその最悪のケースを見つめず、目をそらしていることで逆に最悪のケースに突入してしまうことが多いのです。

ステップ③ 最悪の事態が起きたところで大丈夫と思考が前向きになったところで、一気に形勢を逆転するために「イケルイケル……」と連呼します。「イケル」の回数は、自分が弱っている度合いに応じて増やしていきます。とにかく連呼しましょう。

ステップ④ このころになると冷静さを取り戻しています。そうすれば、どのタスクのプライオリティ（重要度）が高いのか、最も落としていけないものはどれか、などが客観的に判断できるようになります。

ステップ⑤ 重要度の高いタスクから取り組んでみると、それまで自分がどうやってもできないと思っていたことでも、意外と簡単にクリアできることに気がつきます。結果として、全部ちゃんとこなせたというハッピーエンドが待っています。

まだ「まんが道の満賀と才野が連載をほとんど落としたときの状態」に近づいたことがない人は、一度試してみるのもいいかもしれません。

自分のキャパシティ以上の仕事を確信犯的に引き受けてみればいいのです。

あ、でも、本当に落としてしまうとみんなに迷惑をかけてしまうので、自己責任でお願いしますね。

第3章

誰でもアイデアマンになれる

まじめくさった人は
大した考えをもっていない。
アイデアいっぱいの人は
決して深刻にならない。

ポール・ヴァレリー

▽「量」があるからこそ「質」がある

広告を学ぶ授業では、受講者にこんな課題を与えます。

「明日までにスイスアーミーナイフの屋外広告を1つ作れ」

そうすると、中には必ず、何時間も考えたけど結局何も思い付かなかったという人が出てきます。

でも、課題の出し方を変えて、今度は、

「スイスアーミーナイフの屋外広告を最低10種類作れ」

とします。

しかも明日まででではなく、昼休みの間に作るようにと言います。

そうすると、**全員が少なくとも10種類のアイデアを出してきます。**

課題としては先ほどよりもハードルが上がっているのに。

これは、アメリカの大手広告代理店で働いていたジャック・フォスターという人の『アイデアのヒント』という本に出てくるエピソードです。

課題を与えられたとき、人は唯一の正解を探そうとします。そのように教育を受けてきたからでしょう。

そして、その正解を見つけられないと、降参してしまうのです。世の中にあるほとんどの問題は、たった1つの正解しかないなんてことのほうが珍しいはずです。たくさん答えがあるのが普通なのに、「アイデアを出してください」というと「すごいアイデア」を見つけようとするから、なかなか案を出せない。一方で、「10個アイデアを出してください」というと、誰でも10個思い付くことができる。

ここにヒントがあります。

ピカソは生涯2万点以上の絵をかいた。

バッハは少なくとも週に1回は作曲していた。

トーマス・エジソンの死後、アイデアメモがぎっしりかかれた3500冊あまりのノートが発見された。

歴史に残る名作を創り出した芸術家には、多作な人がたくさんいます。そして発明王エジソンだって、誰よりもアイデアを出していたのです。

「アイデアをたくさん出す」ということは、「すごいアイデアを出す」こととは違います。

すごいアイデアを出そうとすると、それがどれくらい効果があるか、実現可能かどうかなどが問われます。

たくさん出すのであれば、それがすごいアイデアかどうかなんて関係ありません。とにかく数を出すことが優先されるからです。

実は、アイデアをたくさん出そうとするからこそ、すごいアイデアが出てくるのだともいえます。

100個アイデアを出して、そのうち実現しそうなのが1案しかなくてもいいのです。

99案が荒唐無稽でも、その荒唐無稽な「すごくないアイデア」がヒントになって肝心の1案が思い浮かんだのかもしれません。

それに、その99案を出す過程が、自分をポジティブにしてくれます。

質よりも量を出すことを優先すると、明らかにありえない案、とんでもない案も入れなければならなくなります。このありえない案を出す過程が、なんだか楽しくなってくるのです。

「まじめくさった人は大した考えをもっていない。アイデアいっぱいの人は決して深刻にならない」というのは、フランスの詩人ポール・ヴァレリーが言った、僕が大好きな言葉です。

この言葉も、先ほどの『アイデアのヒント』で紹介されています。

僕はアイデアの力を信じています。

特に、ありえないアイデアを出すときに人がポジティブになるパワーこそが重要だと思っています。

そのパワーは、ときにUFOをも呼んでしまう。

UFOは、人間がつらい状況から逃避するために自分たちで作り出してしまった妄想であるという説があります。

妄想することで人間はポジティブになり、つらい時期も乗り越えられるのです。

妄想こそが人間の持つ特別な能力であり、強く生きるための秘訣なのかもしれません。

ちなみに、僕はＵＦＯが実在したら面白いなと思っているので、「ＵＦＯ＝妄想」説は信じていないのですが。

▽乗っかることでヒットが生まれる

アイデアをたくさん出す秘訣は、そもそもアイデアとは何なのかを考えることによって見えてきます。

繰り返しになりますが、『アイデアのつくり方』という本では、アイデアをこのように定義しています。

アイデアとは既存の要素の新しい組み合わせ以外の何ものでもない。

この本は、やはり広告業界で活躍したジェームス・Ｗ・ヤングが書いたもので、原著の初版は1940年に出版されました。その後何度か改訂されながら数十年間売れ続けている知的発想法のロングセラーです。

僕もまさにその通りだと思います。アイデアとは組み合わせなのです。

例えば、既存の要素を組み合わせて生まれた革新的な商品の代表としては、ソニーの「ウォークマン」があります。初代ウォークマンが発売されたのは1979年です。

当時の名誉会長でソニー創業者の井深大さんが、開発中だった携帯できるサイズのテープレコーダーと、同じく開発中だった小型軽量のヘッドフォンを見て、この2つを組み合わせることを思い付いたのです。

テープレコーダーといえば録音機能とスピーカーがあるのが常識だったのですが、これらを削って、ヘッドフォン専用のカセット再生機を作ったというわけです。

さらに、誰も着目しなくなった古い技術を利用することで、ヒット商品が生まれることもあります。

任天堂で「ゲーム&ウオッチ」や「ゲームボーイ」などのヒットを生み出した横井

軍平さんは、新しくない、コストが下がった「枯れた技術」を思いもしなかった形で転用することの重要性を説いています。このような発想の転換があるからこそ、子供が買ってもらえるような価格で、斬新な商品を提供できるのだそうです。

横井さんは、**出張中にサラリーマンが退屈しのぎに電卓で遊んでいるのを見て、**当時安価になりつつあった小型電卓の技術をゲーム機に利用することを思い付きます。それが「ゲーム&ウオッチ」の誕生です。

また、小型液晶テレビが安価になってきたころに、あえてカラー液晶ではなくモノクロ液晶を使うことで、持ち運びやすくて低価格の「ゲームボーイ」が生まれたのだそうです。

こなれてきた技術をこれまでとはまったく違う目的で使うことで、ローリスク・ハイリターンを狙う戦略は、いまでも任天堂の商品開発に受け継がれていると言われています。

あるいは、他の分野で使われていたものを真似ることで、組み合わせを見つけることもできます。

アース製薬で除虫菊の研究をしていた西村昭さんは、アメリカの家庭用品の雑誌で粘着式のネズミ捕りの広告を見つけ、これをゴキブリの捕獲に応用することを思い付きます。それまでの製品ではゴキブリを生きたまま捕獲するので、自分でゴキブリを殺さなければならなかったのですが、粘着剤を使えば、ゴキブリを見ないで捨てることができます。

そして1973年に、世界初の粘着式ゴキブリ駆除製品として登場した「ごきぶりホイホイ」は、空前の大ヒットとなりました。

このように、いままでにない組み合わせがアイデアなのだとすると、一見関係ないと思えることを、いかに結びつけるかが勝負ということになります。

ということは、自分には関係ないと思ったことでも「せっかくの機会だし参加してみよう」と素直に乗っかることが、ある意味、新しい組み合わせを見つけるための訓練です。

そして、せっかくの機会だし乗っかろうという姿勢こそが、アイデアマンに必要なのです。

それは、仕事でもプライベートでも関係ありません。

マンガや小説を読んだり、映画を見たりするときにも、しょせん作り話だと思うのではなく、その中に何かヒントがあるのではと思うことが重要です。

アイデアをたくさん出せるようになるために、とにかく何でも乗っかりましょう。

企画の仕事をしている人はもちろん、他のどんな仕事をしている人にも必要な姿勢だと思います。

「たとえ話」がうまいオタクになれ

アイデアが「既存の要素の新しい組み合わせ」なのだとすると、アイデアを出すのが得意な人というのは、物事の関連性を見つけ出す能力がある人だといえます。

そして、物事の関連性を見つけ出すことができる人というのは、たとえるのがうまい人、つまり「比喩力」が高い人と言えるのではないでしょうか。

周囲にいませんか？　難しい話を聞いた後に、「ようするに、こういうことですよね！」と、より簡単な話にたとえられる人。

こういった人は、間違いなくアイデアを思い付く素質があると言えます。難しい話と簡単な話との関連性をすぐに見つけられるからです。

ということは、アイデアをたくさん出せるようになるためには、「比喩力」を身に付ければいいということになります。

そのためにはどうすればいいでしょうか？

それは日ごろから、何か目の前で起きたことを、自分が好きなジャンルや得意なジャンル（つまり趣味）のことに置き換えるという訓練をしてみればいいのです。

例えば、麻雀が好きな人であれば、麻雀の手役にたとえてみるのはどうでしょう。仕事でプレゼンがうまくいったときには「役満貫だね！」とか。何か失敗したときには「振り込んでしまいました……」と悔しがる。

まずはこんな簡単なたとえから始めればいいのです。

あるいはゲームが好きだったら、ゲームのワンシーンにたとえてもいいでしょう。自分がゲーム好きであれば、さまざまなシーンを知っているはずです。

自分が興味のあることについては、誰しも深く考えた経験があります。それと他の物事とを関連づけていくのは難しいことではなく、しかも楽しいことだと思うのです。

こういった訓練をして、たとえる力を伸ばすことで、アイデアをたくさん出せるようになっていきます。

ちなみに、面白法人カヤックの創業メンバーの3人は、よくマンガのシーンにたとえます。

例えば、いくらがんばってもいいアイデアが出なかったり、行き詰まって仕事が一向に進んでなかったりするときは、先ほども紹介した『まんが道』のワンシーンを引き合いに。

「先生！　さっきから3時間かかっているのにまだこの1ページ描けないんです！」

（中公文庫版『まんが道』11巻26ページ）

そんな感じです。

▽縛りがあると発想が面白くなる

ここからは、アイデアを出すプロセスに注目してみましょう。

企画や制作の業界では、次のような4つのプロセスで考えることが多いようです。

①目的と制約条件を設定する
②データ収集をする
③いろいろ組み合わせる（アイデアを出す）
④アイデアを吟味して実行する

アイデアを出すための最初のステップは、その目的と制約条件の設定です。何のためにアイデアを出すのかという目的の設定によって、出てくるアイデアが変わります。

例えば、「知人の結婚パーティを楽しむ」という目的と、「そこで新しい友達を作る」という目的とでは、思い付く案が異なるでしょう。

そのため、目的の設定はとても重要なのですが、アイデアを出す作業にあまり慣れていない人には、なかなか難しいかもしれません。とりあえず広く設定して、「いまの仕事をどうやったら楽しめるか」といった程度で決めておくのもよいと思います。

そして次に決めておきたいのは、制約条件です。

制約条件がまったくなく、「何でも自由にアイデアを出していい」とすると、かえって混乱してうまくいかないと言われています。

クリエイティブな世界では、予算が決められ、時間が決められ、テーマが決められたほうが、いい作品ができるというのです。

天才レオナルド・ダ・ヴィンチも、**「狭い部屋は心を引き締める。広い部屋は心を混乱させる」**と言っています。

僕たちのように制作の業界にいる人にとっては、企画を出すうえで重要な制約条件の1つは、予算です。

予算が2桁違えば、アイデアもまったく違ったものになります。金額によって発想のスケールが変わってくるからです。だから、金額がきちんと決められていたほうが、それに沿った良いアイデアを出せます。

また、アイデアのよしあしは、予算の金額とは必ずしも関係がないのが面白いところです。予算がなければないで、その中でできることを必死で考えますので、意外と面白いものができることも多いのです。

使えるお金が少ない深夜のテレビ番組のほうが、意外と面白かったりしますよね。

ただ、予算については、制作など限られた業界の制約条件なので、みなさんがアイデアを出す練習をするときには、意識する必要はありません。予算的にできるできないは別として、アイデアをどんどん出してポジティブになっていくことを体感してみてください。

その代わり、出すアイデアの数を制約条件として決めてみましょう。数をたくさん出すことが重要なのですから、初めは10個、次は20個と増やしていって、そのうち100個といったように、ハードルを上げていけばいいのです。

そして、**もう一つの重要な制約条件は、時間です。**

時間を常に意識することは仕事を進めていくうえで大切ですが、アイデアを出すためにも締め切りを設けることが欠かせません。

締め切りにまつわるこんなエピソードがあります。

モーニング娘。をプロデュースした、つんく♂さんが、「LOVEマシーン」というヒットソングを作ったときの話です。

1999年9月9日という9並びの日にCDを出すぞと決めたものの、締め切り直前までどんな曲にするか決まっていなかったそうです。歌詞も曲もぎりぎりになってようやくできて、締め切り当日の朝までレコーディングして、そのまま工場やテレビ局に持っていったとか。

いつもなら2回3回と聴き直して訂正するのに、それすらもなし。その結果できたのがあのミリオンセラーです。

でも、つんく♂さんは、きっと時間があってもあれ以上の作品はできなかったと確信しているそうです。

逆に、締め切りがあったからこそあれだけのヒット作が生まれたのです。

そして、著書『一番になる人』では、こんな風に語っています。

> 時間が限られているからこそ、人間の最大限の能力が引き出されていくのです。
> あの経験を経てから、**締め切りとは、人間の力を目一杯に引き出す装置**だと思うようになりました。だから絶対に締め切りは守る。凡人は締め切りを守ることを繰り返すことで能力が鍛えられていくのです。そしてその能力が天才を凌駕《りょうが》するのです。

だから、アイデアを出すときに締め切りは絶対に必要です。

先ほど紹介した『アイデアのヒント』と同じ著者が書いた『アイデアマンのつくり

方』という本でも、こんなことが書かれています。冒頭の例と似ていますが、紹介しましょう。

来週中にアイデアを三つ考えてこいと言ったら、部下は来週中にアイデアを三つ考えてくるだろう。

でも今日中にアイデアを一〇個考えてこいといったら、今日中にアイデアを一〇個考えてくるはずだ。

その一〇個のうちには、来週までかかってやっとひねり出されるはずだった三つのアイデアも含まれていることが多い。それに加えて、三つと言われた時には捨てられるはずだったもので、実は他のアイデアよりもすぐれたものが入っていることもある。

だから、ハードルを高くしよう。部下はきっとそのハードルを飛び越えるすべを見つけるはずだ。

それだけではない。やればやるほどやる気になる。アイデアがアイデアを生むという不思議な「雪だるま効果」に彼らは気づくことになるだろう。

この本は、『アイデアマンのつくり方』というタイトルの通り、部下を持つ上司を対象に、部下をアイデアマンに育てるためのマネジメント方法について書かれた本です。

でもおそらく、この話は上司が部下を育てることに限ったものではありません。プレッシャーがあるから人は成長するのです。

僕のようにどうしても自分に対して甘くなっちゃう人は、周囲に締め切りを決めてもらって、プレッシャーをかけてもらうといいでしょう。

▽データを使って何を生み出すかが鍵

目的と制約条件を設定したら、2つ目のステップでそのテーマに沿った情報を集めます。

すでによく知っている分野ならこの段階は省いてもいいかもしれませんが、初めての分野であれば情報を集めたほうが格段にアイデアを出しやすくなります。

アイデアは既存の要素の新しい組み合わせなのですから、すでにあるものを多く知っていれば、組み合わせられる要素が増えることになります。

それに、思い付いた組み合わせが新しいかどうかは、そもそもその分野について知識や経験がないと判断できません。

とはいえ、知識や経験のある人、物知りな人がアイデアマンになれるかというと、必ずしもそうではありません。

知識を集めることに力を入れても、**それを使って何かを生み出す工夫がおろそかになってしまうと、アイデアを出すことができない**からです。

また、知識だけでなく、異なる分野の物事から関連性を見つけ出す能力も必要でしょう。

さらに、経験や知識が豊富な、年齢が高い人のほうがアイデアを思い付けるかというと、そうではありません。

実際、企画という職種は年齢が上がれば上がるほど、一般に難しくなります。それは、歳を取ると、それまで身に付けた常識が邪魔をして、柔軟な発想ができなくなる傾向があるからでしょう。

それでは、若くしてオリジナリティのある作品を作った天才は、年齢が高い人に比べて経験が少ないのに、なぜそのようなアイデアを出すことができたのでしょうか？

それは、縦に深く突き詰めた結果だと思うのです。その人が幅広い知識や経験を持っていなくても、1つのことに没頭して、自分自身の内側を徹底的に見つめた結果、新しいアイデアを生み出したのです。

ということは、アイデアマンになるためには、自分の趣味や、興味があるものを、何でもいいので徹底的に極めるといいでしょう。1つの道を極めた人は他の道にも通じると昔から言われています。

データ収集の方法は、インターネットを使うもよし、本を読むもよし、人に会って話を聞きまくるもよし。自分にあった方法を見つけてください。

僕がお勧めなのは、本を読むことです。何か新しいことを始めようと思ったときは、そのジャンルの本を50冊も読めば、かなり専門的なことも含めて把握できます。

50冊を読むのはなかなか大変ですが、アイデアをとりあえず出すためには、10冊も読めば、大まかなところは押さえられるので、だいぶ違ってきます。

ただし、アイデアの元となる素材集めといっても、何のためにアイデアを出すのかによって、どういう種類の情報を集めるかが変わってきます。つまり、事前に切り口を考える必要があるのです。

例えば、いまの職場で面白く働くことを目的にするとします。そのためには、まず自分がいる業界についての本を10冊読む。さらに、営業職であれば営業についての本を10冊読む。

そうやって集めた情報の中で気になった情報をノートなどに書きとめてみましょう。それがアイデアをたくさん出すためのヒントになるはずです。

▽「組み合わせ」は機械的に見つかる

データを十分に収集したら、3つ目のステップで、いよいよアイデアを出してみましょう。いろんな組み合わせを見つける作業です。

どうでしょうか？　いきなりたくさん出てくるでしょうか？

アイデア出しのような仕事をしたことがない人は、なかなか思い付かないかもしれませんね。でも大丈夫です。テクニックを少し知っておけば、必ずいろんな発想ができるようになります。

僕はアイデアを出すためのブレインストーミングに参加すると、「よくポンポン、アイデアが出ますね」と人から言われます。

実はこのアイデア会議で、すでに出たアイデアに対して「あーでもない、こーでもない」といろんな角度から見て新しい組み合わせを探す作業が、ふと機械的なものに感じるときがあります。

アイデア力のある人というのは、そういったものの見方や既存のアイデアを組み合わせる方法をある程度パターン化して、頭の中で公式のようにして繰り返し使っているのです。

これは、訓練すれば誰でもアイデアをたくさん出せるようになるということを意味しています。その証拠に、僕らの会社では、入社したばかりのころはアイデアが出せない人でも、しばらくするとたくさん思い付くようになるのです。

アイデアを出すためのこういった発想法については、次の章で詳しくお話ししましょう。

この組み合わせを作る段階では、注意しなければならないことが1つあります。**実際に出たアイデアが実現可能かどうか、良いアイデアかどうかなどは、このタイミングでは吟味してはいけません。**

とにかく案を出すことに集中してください。これは意外と難しいことです。普通は、アイデアを出しながら、すぐそれを自分で否定したり、この案はないなと思ったりしてしまいます。

でも、そういった検証作業は、次の4つ目のステップで行えばいいのです。アイデアを出しながら、ふと疑問に思って調べたりしたくなることもあります。調べ物をするとなると、1つ前のステップであるデータ収集に戻らなければなりません。ちょっと調べるだけならいいのですが、そこで時間を取りすぎると、自分で決めた制限時間を守れなくなってしまいます。

これはあまりよくありません。とにかくアイデアを出すことに集中するようにしてください。

アイデアがたくさん出たら、4つ目の最終ステップとして、そのアイデアを吟味します。そのためにはまず、アイデアをカテゴリー分けするといいでしょう。どんな方法でもかまいません。出たアイデアの共通点を見つけて、分類するのです。

すると、どのカテゴリーの案が多いか、少ないかなどが見えてきます。もう少しこのカテゴリーでアイデアが出せそうだと思ったら、時間的な余裕があればもう一度そこに絞ってアイデアを出してみるのもいいでしょう。

また、カテゴリー分けしていく過程で、自分の定めた目的があまりよくなかったことに気がついたら、もう一度目的を設定し直してアイデアを出してみましょう。

そして、アイデアを整理したら、取捨選択していきます。ちなみに、僕らのような制作業界では、初めに目的と制約条件を決めたり、最後に数多く出たアイデアからどれが良いか選ぶのは、ディレクターの役割です。

最終的なアウトプットが良いものになるためには、この作業をセンスのある人がやらなければなりません。プランナーとディレクターの違いはそこにあります。

プランナーはとにかく数多くプランを出すことには長けていますが、「これだ！これがいける！」と選ぶのはどちらかというとディレクターの役割なのです。

みなさんがアイデア出しの練習をするならば、この段階では、自分のやりたいことをふまえて、実現可能な案を選んでみましょう。

え？　実現可能なアイデアが出てこなかったですって？　でも、どうでしょう。実現できなそうな、荒唐無稽な案を50個も100個も出せば、かなり楽しくなってきませんか？　ポジティブな状態になっていれば、それはそれで大きな収穫です。

確実にゴールに近づいています！

▽アイデアが人を前向きにする

僕たちはアイデアの力を信じています。

アイデアをたくさん出すノウハウを身に付けることで、どんな仕事をしている人でも前向きになれる。そして周りに良い影響を与えるはずだ、と。

カヤックでは昔、「元気玉」というサービスを運営していました。

僕らカヤックの社員が、1つ100円でアイデアを提供するサービスです。サービスの名前は、某少年漫画の主人公の技にちなんでつけられました。

「元気玉」（撤退）
https://www.kayac.com/service/other/9
投稿されたお題に対して、アイデアを１つ当たり100円で提供するサービス。カヤックの社員が答えていた。

その技というのが、地球上のすべての人間や生き物からエネルギー（元気）を集めて大きな玉を作り、それを敵にぶつけるというものです。

「みんな、オラに元気をわけてくれ！」

まさにそんなイメージで、誰かの相談に、僕らがアイデアという元気をたくさん集めて回答します。

もともとネタのようなものでもあり、僕らのアイデア力をプレゼンする営業のようなものなので、採算は重視していませんでしたが、サービスとしても意外と依頼が増えてしまい、あまりにも大変だったので、現在は撤退しています。

でも、僕はこのサービスが、とても気に入っていました。また、カヤックではいまも社内でアイデアを募る時に「元気玉をわけてくれ！」という人がいます。

なぜ気に入っていたのか。それは、アイデアの力で世の中をポジティブにできる力を秘めていたと思うからです。

先ほども紹介した「Yahoo!知恵袋」「教えて!goo」などの相談コミュニティは、質問者の問いにみんなで答えていくというスタイルを取っています。

これらは、自分が知らないことを教えてもらうためには非常に便利なサービスなのですが、**もっと悩んでいる人を元気づけるサービスがあってもいいな**と思いました。

例えば、「上司のいじめがひどくて困っています。どうしたらいいでしょうか？」という相談があったとします。それに対しては、当然ですが「人事部や弁護士に相談したほうがいいです」といった回答が普通だったらくるとします。一方、僕らの元気玉というサービスでは、荒唐無稽な案でも出すというアプローチをとっていました。

例えば、「上司はイライラするタイプなのでしょうから、お茶を淹《い》れるときにカルシウムをこっそりと大量に入れてはどうでしょうか？」とか。

「上司のいじめを日記につけて、『わが上司との闘争』というブログを書いてはどうでしょうか。人気が出てドラマ化されるかもしれません」とか。

「上司のいじめを感じなくなるほどの皮下脂肪をつけるために馬鹿食いをするのはどうでしょうか」とか。

こういった悩みに対しては、決まり切った答えが寄せられることが多いもの。でも、それでは一種の思考停止になってしまうことがある。真面目を装って同情して下手に話を深刻にしてしまうよりも、不真面目な案でもいいからたくさん出すほうが、よっぽどポジティブな一歩を踏み出せることもあると僕らは信じているのです。

人間の脳というのは不思議なもので、どんなに荒唐無稽なアイデアであっても、問題を解決しようと一生懸命考えている時には、批判的に考えているヒマはないのです。

あなたもアイデアの力を信じてみませんか?

第4章

壁を越えるための発想法

普通の人の欠点は、
自分を信じてアイディアを創造し
述べることをしないことである。

ノーマン・ピール

▽オチをイメージ化して逆算する

世の中には多くの「発想法」があります。僕らの会社、面白法人カヤックでは、そういった発想法をいろいろと試しています。

それらを1つひとつ解説していきますと、それだけで1冊の本になってしまいますので、ここではまず1人で簡単にできるものを3つ厳選して紹介しましょう。

- 結果逆算法
- マンダラチャート
- アイデアの公式

以上の3つです。

初めに紹介する「結果逆算法」は、具体的なアイデアを出す前に、まず結果をイメージして、どういうアイデアだったらそうなるのかを逆算するというものです。

例えば、「満員電車を楽しくするためのアイデア」を出すとします。

そのためには、まず、「その車両に乗った瞬間に自分がニヤニヤしてしまう」という映像をイメージしてみましょう。そういう結果になるためには、どんなことが起きればいいのでしょうか？　逆算してみてください。

この手法を使うと、**普通のアイデアしか思い付かなかった人も、ぶっ飛んだアイデアを思い付くようになります。**

こんな感じです。

自分がニヤニヤしてしまうということは、自分がコチョコチョくすぐられているかもしれません。ということは、自分の背中に「どうぞくすぐってください」と張り紙しておくのはどうでしょう？　突飛な案です。

イメージした結果を少しひねることで、アイデアがさらにぶっ飛んだものになります。

例えば、満員電車に乗っている人が、突然みんな吊り革で体操を始める……。

こんなありえない映像を思い浮かべて、そうなるにはどうしたらいいかを逆算して考えます。

もちろん、こんな状態になることはありえないのですが、そう仮定することで出てきたアイデアの中には使える案があるかもしれません。

吊り革で体操を始める状態になるためには、どういうことが起きればいいのか。例えば、電車の中にあるモニターに流れているCMや、中吊り広告で、吊り革で懸垂すると車掌が素敵なプレゼントをくれると宣伝していたらどうでしょう。

何人か懸垂するかもしれませんね。

であれば、電車に乗ったらこっそりと中吊り広告を差し替えてしまったらどうでしょうか。まぬけな人が本気で懸垂しそうです。

そんな人がどれくらいいるか観察しているだけでも、満員電車が楽しくなりそうです。

あ、こんなこと、実際にやったらだめですよ。

あるいは、こんな発想はどうでしょうか。

みんなが吊り革で懸垂しているということは、電車の床が足をつけたくない状況になっているかもしれません。ということは、床に何かみんなが嫌がるものが這い回っているとか……。

そうか、満員電車に乗るときに、ゴキブリを大量に持っていって床に放てばいいんだ！　そうしたらきっと面白いだろうなぁ……。

もちろん、実際にやってはだめですよ。

このように、結果を映像化してみると。普段の自分では出せないような突飛なアイデアを出しやすくなります。ぜひ試してみてください。

お笑いタレントでもあり映画監督でもあるビートたけしさんも、こういったイメージ化の手法をうまく利用しています。

たけしさんは、普段から気になる写真をたくさん撮っておいて、その写真を並び替えて映画の物語を作っていくのだそうです。

写真があれば誰がどのような行動を取るのかイメージしやすくなりますよね。これも結果逆算法の一種といえるでしょう。

▽手軽にできる連想から始めよう

次に試してほしい発想法は、「マンダラチャート」です。

これは、3×3のマスを使ってアイデアを出していく方法です。

具体的には次のようにマスを使います。

まず、真ん中にアイデアを出したいテーマの「キーワード」を書き入れます。

ここでは試しに、「満員電車」と書いてみましょう。そして、このキーワードから連想できるキーワードを周りのマスに埋めていきます。

あまり深く悩まずに、頭に浮かんだことを書いていくのがコツです。

ざっと埋めてみたところ、次ページの図のようになりました。

さらに、周囲に書いた単語の中から気になるものを選び、それを新しいマンダラチャートの真ん中に入れます。そして、その選んだキーワードから連想できる言葉を周りのマスに埋めていくのです。

	満員電車	

↓

ぎゅうぎゅう	アナウンス	朝
痴漢	満員電車	大都市
広告	駆け込み乗車	オフピーク

「マンダラチャート」では、3×3 のマスの中央にまずアイデアを出したいキーワードを入れ、それから連想されるキーワードで残りのマスを埋めていく。

どうでしょう。埋めたマスの中に気になるキーワードはありますか？

そういえば駅のアナウンスってちょっと変わっていますよね……。

では今度は、「アナウンス」を中心に単語を並べてみましょう。

どうですか？　次のページをご覧ください。

ここからさらに気になるキーワードを選んで、さらに広げていってもいいですし、いまいち面白いアイデアが出てなさそうでしたら、また1つ前のチャートに戻ってキーワードを選び直してもいいのです。

こうやって連想していくと、あれ、なんだか面白いアイデアが思い浮かびそうな気が……。

このようにして、マンダラチャートは、すぐには思い付かないようなキーワードを引き出すことで発想を広げていく手法なのです。

アイデア出しが苦手な人でも「連想」することはそんなに難しくはないでしょう。そのため、**アイデア出しの練習としてもかなり有効です。**

僕らの会社では、新人やアイデア出しに慣れていない人と企画会議をするときには、このマンダラチャートから始めることがよくあります。

変わった声	たまに女性	駅名
滝川 クリステル	アナウンス	まれに英語
モノマネ	車掌さん	スピーカー

コロッケ	声だけ	本人登場
一発芸	モノマネ	選手権
芸人	顔まね	宴会の余韻

キーワードをさらに選んで、連想する言葉を入れていく。もし、あまりいいのが思い付かなかったら、1つ前のマンダラチャートに戻ってキーワードを選び直しても良い。

ざっとここまで出てきたキーワードを組み合わせて、アイデアを出してみましょう。

「満員電車の中、車掌さんのアナウンスの声で中吊り広告の文字を読み上げる」

どうでしょう？

想像してみると、じんわり面白さがにじみ出てきます。

この発想法の肝は、マンダラチャートの形にあると言われています。真ん中にまずテーマを入れるのがポイントです。すると、アイデアを出すに当たって、上下左右斜め8方向に向かって拡張していくことができます。

僕らの普段のノートの取り方を思い出してみてください。その昔、学校では「上から下」もしくは「左から右」の方向へ書くように教わりました。

ところがマンダラチャートでは、全方位に広げていく書き方をします。そのため、真ん中のテーマを集中して考えたり、離れたところから俯瞰して全体を見たりといった視点の切り替えが簡単にできます。

このような視覚的な特徴があるからこそ、普段より柔軟な発想ができるのです。

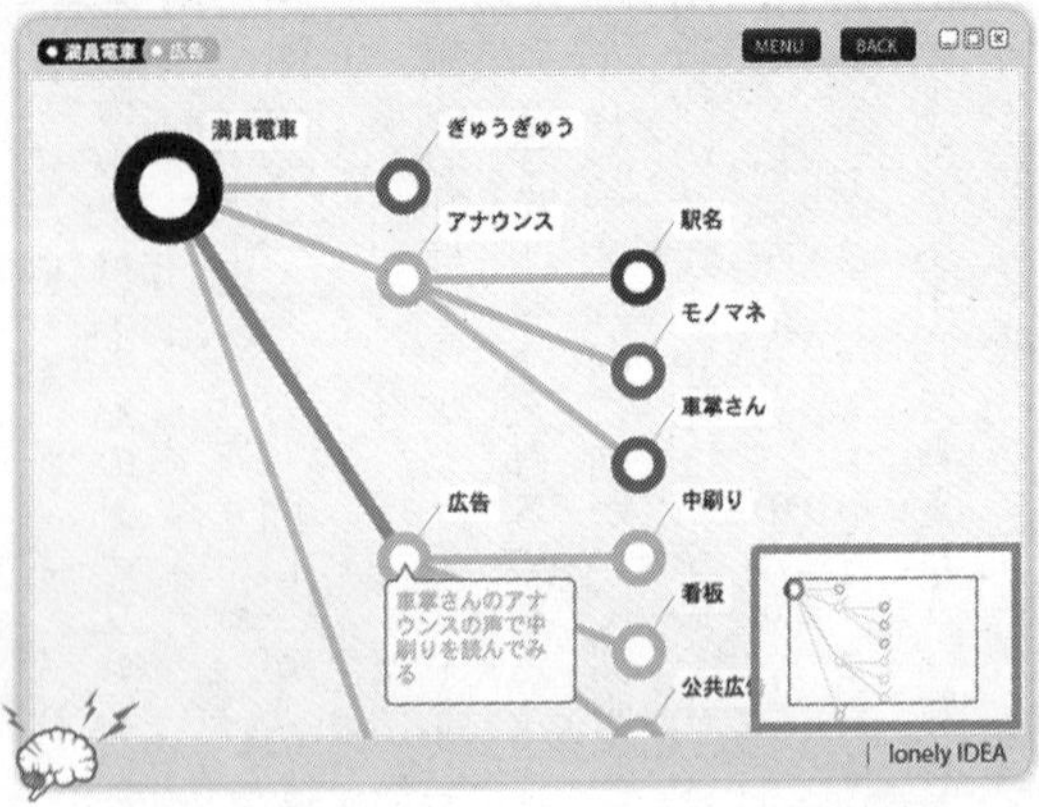

「Lonely Idea」（撤退）
https://www.kayac.com/service/other/578
マンダラチャートのようにキーワードから連想される言葉を入力し、その流れをマインドマップのように見ることができる。

これも、アイデアを出すプロセスで視覚化が重要なことを物語っています。

これと同じ考え方から作られた「マインドマップ」という発想法はご存知でしょうか？

マインドマップは整理術としても使えて、最近はこれで打ち合わせのメモをとったり、勉強に使ったりする人が増えています。

▽「アイデアの公式」を利用する

3つ目に紹介する発想法は、「アイデアの公式」です。

アイデアとは既存の要素の新しい組み合わせなのですから、組み合わせのパターンを憶えておけば、新しいアイデアをどんどん思い付けるようになるはずです。

こんな仮説をもとに過去数十万件の特許の発想を抽出し分類してみたところ、40種類に分類できたそうです。これをＴＲＩＺ《トゥリーズ》理論といいます。

この理論を研究しているアイデアプラントの代表である石井力重さんは、ＴＲＩＺ

理論をベースに40通りの発想パターンを記した「智慧《ちえ》カード」という発想ツールを作っています。

アイデアを出しているときに、このカードに書かれた公式を当てはめれば、新しい組み合わせが自動的に出てくるというわけです。

ここでは、その40種類の公式のうち一部を紹介します。

- 分けよ
- 離せ
- 一部を変えよ
- 逆にせよ
- バランスをくずさせよ
- 2つをあわせよ
- 他にも使えるようにせよ
- 内部に入り込ませよ
- バランスを作り出せ

○反動を先につけよ
○予測し仕掛けておけ
○良くない状況から何かを引き出し利用せよ

と、こんな感じです。

アイデアがポンポン出てくる人というのは、こういった物の見方をパターン化して頭の中で当てはめているのでしょう。

僕の経験から、特に役に立つと思うのは、

「一部を変えよ」「逆にせよ」「良くない状況から何かを引き出し利用せよ」

の3つです。

例えば、満員電車を楽しむためのアイデアを出すために、「良くない状況から何かを引き出し利用せよ」という公式を使ってみましょう。

「良くない状況である」とは「窮屈な状況である」として、これを利用して押し花を作ってみる、とか。

「良くない状況である」とは「暑い」として、ダイエットスーツを着てさらに汗だくになってダイエットするとか。

すぐに2つほど思い付きますね。

今度は、「一部を変えよ」という公式を使ってみます。

「満員電車」の一部を変えて「満員電茶」。

なるほど、電車を茶室ととらえればいいのです。

『へうげもの』というマンガでは、茶の湯と物欲に魂を奪われた戦国武将が、お茶で相手をもてなすに当たってどれだけ変わった茶室を作れるかを工夫する話がありま す。満員電車を茶室ととらえてみてもこれまた一興ではないでしょうか。

と、こんな風にして、アイデアを出していきます。

もともとTRIZ理論は、どちらかというとプロダクト開発における発想や問題解決に向いているものです。発想を抽出したベースとなる特許が、プロダクト開発に関連したものが多かったからでしょう。

プロダクト開発ではなく、企画のアイデアや、人生を楽しくするためのアイデアを出すためには、40種類の中から特に使えそうなものを選んでおくとよいでしょう。

なお、40種類すべての内容に関しては、こちらのサイトを参考にしてください。

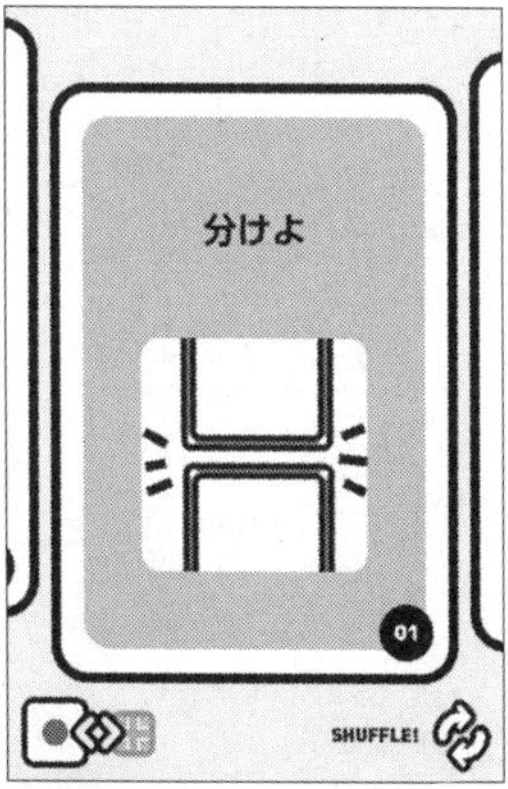

「idea Pod」（撤退）
https://www.kayac.com/service/other/574
40種類のアイデアの公式をiPhoneやiPod touchで持ち歩けるようにしたアプリ。

(http://triz.sblo.jp/archives/20070814-1.html)

▽「そもそも論」にこだわれ

ここまで3つの発想法を紹介してきました。

いずれも1人で簡単にできるので、トレーニングにはうってつけですが、こういったテクニックを利用する際に、意識しておくとさらに効果が上がるコツがあります。

それは、アイデアを出すに当たって、**「そもそも、何でだっけ？」**とテーマや物事について問いかけることです。

例えば「満員電車を楽しくするアイデア」というお題があったときには、「そもそも……なぜ満員電車は楽しくないのか？」と問いかけます。

そうすると「暑いから」「匂うから」「立っていてつらいから」などと理由が思い付きます。そうしたら、それらを解決する方法を考えていけばいいわけです。

あるいは、「そもそも……なぜ満員電車に乗らなければならないのか？」と目的の設定そのものを疑うことで、違ったアイデアが出てくることもあります。

「そもそも……楽しいとは何だろうか？」と問いかけるのも意味があるでしょう。「そもそも……満員電車というけれど電車に定員なんてあるの？」と疑うのもいいですよね。

そうやって「そもそも論」を突き詰めていくと、テーマの根本的な問題がわかってきます。

根本的なところまでさかのぼっていくと、他にも同じような問題を抱えていたけれどもすでに解決されたものがあったりして、その解決策がヒントになったりするのです。

たとえるのがうまい人は、ある物事の本質を見抜き、本質が共通する他の物事を見つけることがうまいのだと思います。だから、アイデアを思い付く力があるのです。「そもそも……」と問いかけることを意識して、本質を見つけることで、関連するものを探しやすくなり、より多くのアイデアが見つけられるようになるでしょう。

ブレインストーミングの真価

そしてさらに、非常に効果の高い発想法をお教えします。

それは、「ブレインストーミング」。

僕たちの会社で最も力を入れて取り組んでいるグループ会議の一種です。1人で考えていても絶対思い付かないようなアイデアが、ポンポン生まれます。

ブレインストーミング、略して「ブレスト」。

試したことがなくても、一度は聞いたことがあるのではないかと思います。

ですが、仕事のうえで日ごろからブレストを行っている人は限られるでしょう。

そもそもブレインストーミングとはなんでしょうか？　ウィキペディアには、このように書かれています。

「アレックス・F・オズボーンによって考案された会議方式のひとつで、連想を行うに当たり集団で行うことによって、相互交錯の連鎖反応や発想の誘発を期待する技法である」

つまり、**集団で行うアイデアを出すための会議**だと思ってください。

ブレストにはいくつかのやり方がありますが、僕たちの会社では、次の３つのルールが重要だと考えています

①とにかくアイデアの量を出す
②とにかく相手を否定しない
③とにかく相手のアイデアに乗っかる

このシンプルなルールを守ってアイデア出しをすると、驚くほど多くのアイデアが生まれます。

僕は、仕事をしていてどんなときが一番楽しいかと聞かれたら、迷わず「ブレストをしているとき」と答えます。

それは、次から次へと話題を変えても怒られなくて楽しいから。そして、仲間によって自分の力がさらにパワーアップしていくのを体感させられるからです。

面白法人カヤックでは、このブレストを社内で最も重要なものと位置づけています。

ブレストによって会社の新規事業が生まれますし、ブレストに参加することを通して社内文化を共有しているからです。

アイデアをたくさん出すことでポジティブになりますから、とにかく量を出すというルールのもとにブレストを行うことで、会社全体がポジティブになっていきます。

ちなみに、新卒採用の過程でも、学生のみなさんにブレインストーミングを体験してもらっています。

会社説明会の後に、5～6人のグループになってもらって、ブレストを実施するのです。グループごとに出たアイデアの中からこれはと思うものを発表してもらい、最後に優勝を決めます。

カヤックに入ったら多くのブレストに参加することになりますから、僕らの会社を知ってもらう良いきっかけになるのではと思っています。

また、楽しくブレストしているうちに就職活動で疲れた学生もポジティブになってくれれば一石二鳥です。

実際、学生のみなさんはとても楽しそうに取り組んでくれます。採用の一次試験も兼ねているので緊張はしているでしょうけれども、自分の意見が否定されず、とにかくたくさんのアイデアを出すのは面白い体験でしょう。

▽アイデアが言えない人のためのレッスン

ブレストについて先ほど挙げた3つのルールのうち、最も重要なのは「①とにかくアイデアの量を出す」です。他の2つは、この①を実現するためにあるといっても過言ではありません。

「②とにかく相手を否定しない」というのは、否定してしまうとアイデアが出づらくなるからですし、そもそも量を出さなければいけないのに、否定をしてしまうとアイデアが1個減ってしまうからです。

「③とにかく相手のアイデアに乗っかる」も、相手が出したアイデアをヒントに新しいアイデアを出すことで、掛け算のようにアイデアの量を増やしていく効果があるわけです。

それに、相手のアイデアとは無関係に自分のアイデアだけを出すなら、そもそも複数の人間で会議する意味がありません。

ブレストがうまくいかなかった場合、たいていこの3つのルールを守れていないことが原因です。

そのため、これらのルールについて、もう少し詳しく解説しておきましょう。

①とにかくアイデアの量を出す　ブレストを進めながらアイデアがたくさん出ているかどうかを常に意識してください。

参加者がそのような意識でいれば、誰かのことを否定している暇なんてなく、どんどんアイデアが出てきます。

会議の冒頭に、1時間で数十個出すといったハードルを設定するのも効果がありま す。司会役のファシリテータ（後で説明します）が、「もっと出るでしょ！　あと10個出そう！」とあおるのもいいでしょう。

②とにかく相手を否定しない　否定しないというのは、単に否定的なことを口にし

ないというだけではありません。「イケテナイ」アイデアが出ても、心の底から相手を肯定するぐらいの心構えが必要です。

「イケテナイ」と心の中で思ってしまうのは仕方がありませんが、そういった「イケテナイ」アイデアが出ることも、いいアイデアが出るために必要なプロセスなのだととらえましょう。

そして、イケテなかったり一見関係のないアイデアが出たとしても、そのアイデアをうまく膨らませることに集中します。参加者全員にその気持ちが必要です。「イケテナイ」アイデアが発端となって良いアイデアが生まれることも往々にしてあります。そういったプロセスを何度も体験すると、どんなアイデアが出ても無駄じゃないと思えるようになります。

③とにかく相手のアイデアに乗っかる　ブレストなのに、自分のアイデアばかりを言い続け、それに固執する人がときどきいます。人の話をまったく聞かないともいえます。

こういう人は、ブレストには向いていません。仲間が出したアイデアに乗っかるから発想が広がっていくのです。

何度も繰り返しますが、アイデアとは既存の要素の新しい組み合わせなのですから、自分の頭の中と相手の頭の中を組み合わせることで新しいアイデアが出るのです。その結果、自分1人では思い付かなかったことを思い付くからこそ、相手に対する感謝の気持ちが生まれます。

そのためには、とにかく人のアイデアに乗っかることが重要です。なお、乗っかるというのは、出た案をさらに良くする案を出す場合と、その案をヒントにしてまったく違う案を出す場合の2つがあるでしょう。

以上のルールをしっかりと守ってブレストを行いますが、経験が浅い場合、なかなかブレスト中にアイデアを言えないこともあります。

でも、ブレストに参加する以上は「とにかく必ず何か言うこと」が大切です。何も言わないと、自分の発言が発端となって良いアイデアが生まれるという経験が得られません。だから、とにかくブレストの参加者は何かを発言しなければならないのです。

経験の浅い人が発言できないのは、主に次の3つの理由が考えられます。

まず、心の中で思い付いてはいるのだけれど、自分のアイデアに自信がなくて言えないというケース。言ってもしょうがないと思ってしまったり、そもそも恥ずかしいと感じてしまったりする。

このケースでは、周りがどれだけフォローできるかにかかっています。その人が出したアイデアを、スルーしないで拾ってあげる。それを繰り返し体験すると、発言できるようになります。

2つ目は、心の中でまったく別のことを考えてしまうケース。ブレストのテーマとは関係なく「今日はトンカツが食べたいなぁ」とか。

でもその場合は「トンカツ」と発言していいのです。そうすることで、何かのきっかけになって、そこからアイデアが生まれるかもしれません。ブレストの先輩たちが率先してそのような手本を見せるとよいでしょう。

目についた新聞の見出しをただ言ってみるだけでもいいのです。

そして3つ目は、滅多にないかもしれませんが、頭の中が本当に真っ白になってしまうケース。

そうなってしまった場合でも、**誰かの発言をしっかり聞いて、オウムのように連呼**

するだけでもいいのです。それで場が暖まってきて、元気が出てくる。

また、口で貢献できないなら、本や雑誌などのアイテムを持ち込んだり、飛び切り面白い格好で参加して、みんなを刺激するのもいいでしょう。カヤックでは、ブレストに参加したメンバーがいつもと違う変な格好をしてきて、その格好について話しているうちにアイデアが出てきたなんてケースも実際にあります。

このように、発言できない人にもできるだけ参加してもらうことで、ブレストが活性化します。そして、自分の出したアイデアはきっかけにすぎなかったけれど、みんなで膨らませていくうちに良いものに昇華《しょうか》されていくという体験ができるのがブレストのいいところです。

僕はこれこそがチームで仕事をすることの醍醐味《だいごみ》だと思っています。

▽メンバーの役割分担が成否を決める

ブレストをするうえでは、どういったメンバー構成にすると良いでしょうか。

人数については、経験的に5〜7人ぐらいがちょうどいいようです。

これより少ないと、多様な価値観が掛け算されて面白いアイデアが出る効果がなかなか得られません。逆にこれより多いと、1人ひとりの発言時間が限られてくるので、各メンバーが他のことを考えてしまう時間が増えてしまい、アイデアを出すことに集中できなくなります。

ちなみに、もともとブレストに向いていない人というのはいます。先ほどの3つのルールを思い出してください。否定しないで相手のアイデアに乗っかることが求められるのですから、後ろ向きの人、相手の話を聞けない人がいるとブレストが活性化しません。

でも、逆にそういう人にこそブレストを通して人の話を聞けるポジティブな人になってもらいたいので、研修のつもりでルールを守る意識を持って参加してもらうというのも手ですけどね……。

また、参加メンバーの相性によって出てくるアイデアの数や質は変わってきます。ブレストでは自由にアイデアを言い合うことが重要なので、気心の知れた仲間が集められるときはそうするといいでしょう。

メンバーの相性は驚くほどブレストの結果に表れます。例えば上司と部下が参加していると、アイデアが言いにくいこともあります。部下は上司からの評価を気にしてしまいますし、上司はつい上から目線でアイデアを否定してしまいがちです。メンバー間の力関係で良くない影響が出そうな場合は、「否定しない」などのルールを徹底するようにしましょう。

さらに、効果的にブレストを進めるためには、参加するメンバーに役割を持たせることが重要です。

会議を活性化させるために特に必要なのは、次の3つの役割です。

。ファシリテータ
。恥をかける人
。ポジティブなアイデアマン

ファシリテータとは、司会をしながらブレスト中にルールが守られているかをチェックし、時間のペース配分を考えます。通常、テーマから脱線するのは大歓迎ですが、大きくずれた状態が長く続くようであれば軌道修正したり、逆に沈黙が続いたときには呼び水となる質問を投げかけたりします。

このファシリテータの力量が、アウトプットの質を左右するといっても過言ではありません。カヤックでは主にディレクターという職種が務めます。

恥をかける人というのは、くだらないことを平気で言える人です。こういう人がいると、「どんなアイデアを出してもいいんだ！」という雰囲気になりますので、ブレストが盛り上がります。

例えば、上司と部下がブレストに参加する場合、**上司が率先して恥をかく役をやると会議がなごやかになります。**

ポジティブなアイデアマンは、その名の通りです。ブレストにはどんな人でも参加していいわけですが、そうはいっても無口な人ばかりだと活性化しません。ある程度アイデア力があるとみんなが認める人を入れ、その人に他の人のアイデアを膨らませてもらいながら進めるといいでしょう。

このような役割を持った3人がいるとブレストは活発になります。それに加えて、カヤックではメンバー構成に関して意識していることが2つあります。

1つは、ディレクター、デザイナー、プログラマーという3つの職種から少なくとも1人ずつは参加すること。

職種が違えば知識や考え方が違います。**異なる職種の人を入れることで、思わぬ化学反応が期待できるのです。**

それからもう1つは、リサーチャーという役割の人を入れること。リサーチャーはパソコンを持って会議にのぞみます。そして、ブレストの途中で出たキーワードについて、ネットにつないで検索したりして、参考情報として合間合間に提供していきます。沈黙が続いたときなどにも有効です。

そしてこのリサーチャーは多くの場合、議事録係も兼ねます。

以上、ブレインストーミングのイロハを紹介しました。もしあなたの職場にブレストの文化がないのであれば、まず周囲の誰かを誘ってやってみるのはいかがでしょう？　初めは勤務時間内ではなく、例えばランチのときにでも。

仕事以外のテーマでもかまいません。「あのいけ好かない上司をどうすれば愛くるしい上司に変えさせることができるのか」とか。いますぐ実行可能なアイデアが出るかもしれませんよ。くれぐれも愚痴合戦にならないように気をつけてくださいね。

▽カヤックの発想法がカードゲームになった

カヤックの企画は、ブレストから生まれています。カヤックのクリエイターたちが日々、社内で行っているブレストを、誰でも手軽に体験できるようにと生まれたのが「ブレストカード」です。

何人かでグループになって、例えば「新製品のドリンクを企画しましょう」といったお題でブレストを始めます。その時、順にカードをめくって、そこに描かれたイラストをヒントにアイデアを出していくのです。

例えば、子供のイラストの描かれたカードを見て「子供でも楽しめるノンアルコールのお酒」なんていうアイデアもいいでしょう。特に決まりがあるわけではなく、発想を自由に広げるためにカードがあります（ですから、慣れてきたら、カードがなくたってかまわないのです）。

これは、先に書いたTRIZ理論の考え方を取り入れています。つまり、発想パターンを類型化し、イラストにすることで、異なるアイデアをくっつけたり、引き離したりといった行動の補助線となるように設計して、アイデアを出しやすくなるようにしているのです。

「そのアイデア、いいな」と思ったら、「乗っかりチップ」をカードに乗せて「子供とお祝いできるノンアルコールのシャンパン」なんていうアイデアを出すのもいいです。

カヤックがブレストで大事にしている「アイデアの質より量を重視すること」、そして「他人のアイデアに乗っかること」がやりやすいように設計されています。

ちなみに、この「他人のアイデアに乗っかること」には、いくつかの効用がありま す。元のアイデアを、みんなで少しずつ膨らませて、より面白いアイデアを出せるようになるのはもちろんですが、それだけではありません。

まず、ひたすら乗っかることで、それが「誰のアイデアだったか」どうでもよくなってしまうということです。ブレストを経て、いわばチーム全員で考えたアイデアになってしまう。

だから、そこには「アイデアを発案した人」もいなければ、気を遣わなくてはいけない「えらい人」もいません。全員の頭を使ってアイデアを出して、みんなでコミットして、実現していこうということになります。

余談ですが、僕はフラットな組織とブレストの親和性がとても高いと思っています。それは、ブレストを繰り返しているうちに、自ずとそういう組織文化になっちゃうのだと思っています。

次のページからは、僕らの会社、面白法人カヤックで行ったブレストを再現してみます。「ブレストといえばカヤック」と言われるまで工夫してきたそのエッセンスを、味わってみてください。

ブレスト実況中継
カヤック流アイデア会議を見る!

―いまから30分、「満員電車を楽しく過ごす方法」を考えます。
A：満員電車って、行きと帰りで状況が違いますよね。帰りのほうがいまにも吐きそうな人がいてハイリスク。
―じゃあ行きと帰りで楽しみ方が違うかな。他には何が違う?
B：行きはたいてい同じメンバー。帰りは偶然乗り合わせた人。
C：じゃあ、行きはスタメンだ。スタメンにあだ名を付けよう。
A：「登戸《のぼりと》ジャッキー」*とか。
B：人間観察するのも面白いです。持ち物からプロファイリングして、家庭環境を想像したり。
―そういうのは「頭を使う系」だよね。他にもあるかな?
C：あだ名だけじゃなくて、その人に似ている芸能人も考えてみる。この人は「もこみち失敗例」とか。発想力も鍛えられる。
A：満員電車に乗っちゃう人の顔と、ピークを外す人の顔を比べてみ

冒頭で所要時間とテーマを宣言する。アイデアの出るペースにも気を配る。30分で50個が目標なら5分で約8個。

出たアイデアをカテゴリー分けすることでヒントを見つける。

ると何かわかるかも。前者は「長い物に巻かれている人たち」。

――よく学生が満員電車に乗っているサラリーマンを見て「死んだ魚のような目をしている」とか言うけど、これをヒントにして何かない？

Ｂ：乗っている人が似ている魚とか、動物とかを考える。

Ａ：毎朝定点観測してメガネの人の数をかぞえる。

Ｃ：観察した人を主人公にして毎日違う携帯短編小説を書く。

――これまで出たのは、満員電車はつらいから何か楽しみを見つけようという発想だよね。いっそ、この満員電車にどっぷりつかって楽しもうというアイデアはないかな？

Ｃ：匂いをかぎたい人、匂いフェチは楽しそう。

Ａ：ボディビルダーは楽しいと思いますよ。体を鍛えているから、電車が揺れて人が寄りかかってきても受け止められる。

Ｂ：修学旅行の生徒とか、普段乗ったことがない人は意外と楽しい。

Ｃ：「おのぼりさん専用車両」を作る。

＊登戸：神奈川県川崎市にある駅

それまでにアイデアが出ていないカテゴリーを提案してみる。

——アイテムを使うのはどうだろう。あるメガネをかけて電車に乗ると楽しくなるような。

A：みんながネコとかウサギに見えるメガネだと楽しくなりそうですね。キムタクに見えるメガネとか。AR*の技術を使えばできそう。

B：乗客の「妖怪度」がわかるスカウターとか。どんなモンスターに近いかわかるような。

C：モンスター……。「ドラクエ専用車両」を作るとか。間違えてモンハン持って乗っちゃったりして。

B：カテゴリー分けするといいかも。「音楽を聴きたい人」「ゲームしたい人」「化粧したい人」それぞれに専用車両。イラッとしない。

A：音楽専用車両ならヘッドフォンから音漏れしてもOK。もしくは、クラブみたいにみんなで楽しむ。

——そういう専用車両は、JRの協力がないとできないのかな？

A：携帯サイトで「何時発の何両目でやります」って告知すれば、ゲリラ的にイベント会場にできそう。あとヤフオク！

ブレストに最適な人数は5〜7人。異なる職種の人をうまくミックスさせよう。

の商品の受け渡しを満員電車でやれば、悪いことをしている感じが味わえる。

B：マッチングしておじさん好きな女の子とおじさんが同じ車両に乗るようにする。

C：「合コン電車」にする。

――満員電車の中に一人だけ紛れている誰かを見つけるゲームをするとかはどう？

C：1人がおならをしてその犯人を探すゲーム。改札を通ると「今日はあなたがおなら担当です」と表示されたりして。

――立って乗っているからつまんないのかな。立つ以外の乗り方は？

B：体育座りとか、組み体操とか。

A：乗ったら3人1組で肩を組まなくちゃいけない「肩組み車両」とか。安定して揺れても大丈夫。

B：肩を組んでいいな。楽しそう。乗るときにハイタッチするとか。

＊AR：拡張現実のこと。現実の環境にバーチャルな電子情報を付加する技術を指す

10分に1回くらいは突拍子もないアイデアをぶつけてみる。

――いいね！ 乗るときに大歓迎される、拍手喝采で迎えられる車両とかあったら最高に気持ちいいね！
じゃあ、帰りの満員電車の楽しみ方はどうだろう？

C：朝よりシャキッとしてなくて、顔もあぶらだらけだから、あぶら取り紙を配る。あぶら取り紙に広告入れたりして。

A：酔っ払い同士はけっこう楽しく話をしているから、こっちも酒を飲んでから乗る。「2次会電車」とか。

C：コールが聞こえてきたりして。

A：行きの電車は静かだけど、帰りは騒がしい。酔っ払いの人生相談が電車の中でも続いたりして、それを聞くのも意外と楽しい。

――逆に、帰りの満員電車でいままでに巻き込まれた迷惑なことって？

C：車両の中で殴り合いのケンカが始まったり。

A：酔っ払った外人2人組みが言い争ってて、突然からまれた。

B：いっそ「ファイトクラブ車両」とか「討論車両」とかを作る。

――行きの電車では本を読んで勉強したりするけど、帰りはもう疲れてグッタリしているわけだ。グッタリしているなりのアプロー

時間の配分を考えて場合によっては途中で切り上げて次の話題に行く。

これまでに経験したことを聞いてみる。質問は常にYes/Noでは答えられないオープンクエスチョンで。

チは？

B：いい匂いがして音楽がかかる「アロマテラピー電車」。

C：ものすごく暑くしてサウナのように汗をかいて気持ちよくなる。

――一日の終わりに知らない人とネクタイを交換して健闘をたたえ合うのはどう？ 試合のあとのユニフォーム交換みたいに。

A：いいですね！「いい話が聞けたんでネクタイ交換してください」

B：牧師がいて一日の終わりに懺悔するとか。

A：みんなでウィ・アー・ザ・ワールドを気持ちよく歌う。

――いいね。いろいろ出たね。じゃ、このへんで。

良いアイデアが
出るかどうかは、
ファシリテータの
進行に
かかっている。

▽「神」が宿るときの条件

ブレストの実況中継はいかがだったでしょうか。

今回は、あえて「満員電車を楽しむ方法」のように仕事とは関係のないテーマで行ってみました。ファシリテータは僕です。

限られた時間の中で、掛け算でアイデアが次々と生まれる様子が伝わってきたでしょうか。

この章では、アイデアを出すための発想法について、ある種ハウツー的な本になるように意識していろいろと紹介してきました。

でも、こんなことを言ったら元も子もないのですが、**僕個人としてはこういったマニュアルやノウハウの類はいっさい気にしていません。**

これは人によって個人差があると思うのですが、いままで書いてきたハウツーのようなものはいっさい捨てて、僕自身は、実は事前の準備をせずに、「インプロ」でのぞんだときのほうが面白いアイデアが出てくるタイプなのです。

ここで出てきたインプロ（ヴィゼーション）という言葉をご存知でしょうか？

インプロヴィゼーションは「即興」と訳されます。型にとらわれず、自由に、思うままに作り上げることです。一般には、音楽（特にジャズ）、ダンス、演劇の世界で使用されています。

例えば、演劇の世界でインプロといえば、シナリオのない劇のこと。あらかじめ決められた脚本の通りに演じるのではなく、その場のアドリブだけで演じる芝居です。

この即興演劇は、うまくいくと最高に面白いものが生まれるし、演じているほうも自分が最高にクリエイティブであると感じるものなのです。

僕にとっては、このインプロ状態、すなわち「丸腰」であることが、自分の力を120パーセント発揮できる状態だと考えています。

だから会議や、講演、取材などは、なるべくインプロでのぞむようにしています。そのほうが自分の良さが出せるし、僕自身が一番楽しめると思うのです。

決められた台本通りに何かを言っていると、1回目はまだしも2回目は飽きてしまう。楽しめなくなると、クオリティは落ちる。

だから、毎回インプロが面白い。そして、自分が面白がっていれば相手にも楽しさが伝わります。

でも世の中には、こういったインプロが得意な人と、そうではなく用意周到に情報を収集したり、手順を考えておいたりする人との2種類があります。僕は、この2つのタイプを組み合わせると最強のチームになるということを経験で知っています。

例えば、僕はブレストに、知識の塊のような物知りの人に同席してもらいます。僕がアイデアを言っているそばで「それはすでにありますね」などと言ってくれるので、「では、これはどう?」と返していく。

こうすれば安心して案を次々と出すことができるのです。最強のチームです。

クライアントとの商談にも、僕1人では情報をろくすっぽ調べずに行ってしまうので、先方に失礼な印象を与える可能性があります。そうならないように、事前に相手のことをしっかり調べたり、商談の手順をちゃんと理解している人を同席させます。

そうすれば、このチームは会社としてしっかりした対応ができるのです。

そうです。結局人は1人では何もできないのです……。

だから仲間を集める必要がある。僕も、だからカヤックというチームで仕事をしているのです。

仲間がいるからこそ、良い仕事ができます。良いアイデアを生む瞬間というのは、周囲がどれだけポジティブな考えに包まれているかにかかっていると思うのです。

思い起こせば、僕は学生時代に、仲間と「即興替え歌合戦」というのをよくやっていました。

お題を決めて、流行っている歌に合わせて、即興で替え歌を作って、交互に歌いながら勝負するのです。

どちらがより面白いかを競っていると、自分に「神」が宿るときがあります。

つまり、自分が天才なんじゃないかと思うような歌詞が浮かんできて、最高に面白いフレーズが生まれる瞬間があって、みんなでゲラゲラ笑う。

しかも、丸腰であればあるほど、何度でも「神」が宿るというわけです。

ただ、**このゲームを通して「神」が宿ると感じる瞬間があるのは、本当に気の置けない仲間とやったときだけなのです。**

だって、替え歌を即興で作るなんて、本当に難しいし、時には恥ずかしい思いもします。

ほとんどは失敗して、寒い歌詞のオンパレード。

でもその寒い歌詞を口にしてしまっても全然恥ずかしくない相手、それを寒いとか言わずに受け入れてくれる相手と一緒にやるからこそ、リラックスして最高のクリエイティビティが発揮できる瞬間がある。

誰かが何かを発言する。それに賛成でも反対でも「反応」する人たちがいる。

だから安心して発言できる。

その過程で良いものが生まれてくる。

シカトが一番よくない。

クールなやつが、あるとき突然、熱血なことを言い出す。

それを周囲が聞いて、「おいおいどうしちゃったの？　柄じゃないじゃん」と言ってしまったら、そいつは一生クールなままです。

そのとき周囲が、いいじゃん、熱いじゃんって言ってあげたら、クールなやつがどんどんホットになっていきます。

ここにたくさんのアイデアを生み出すヒントがあるのです。

第5章

ゴールへとつながる道

今いる場所がつまんねえ職場だろうと
俺の道であることに変わりはねえ
俺のゴールにどうやって
つながるかは知らねえが
いつかつながることだけは確かだ

井上雄彦

▽「味方のような敵」に気をつけろ

僕は会社を立ち上げる前に、２年ほどサラリーマンをしていました。

いまから思うとそのころの僕は、本当に世間知らずで視野が狭く、生意気でした。そんな僕が企画会議に自分の考えた案を出します。その企画は自分よがり１００パーセントですから、ほとんど上司や社長に却下されます。

でもガッツはそこそこあるので、とにかくたくさんの企画を出し続けます。そして、ことごとく却下されます。

自分としては何がいけないのかわからないので、反対されても反対されても引き下がりません。

通るはずのない企画を一生懸命プレゼンするのは、滑稽きわまりない話ですが。

そして、そのしつこさにあきれて、上司も社長もイライラしてしまいます。

みんなの前で怒られる僕。さすがに新人ですから、少ししゅんとしてしまいます。

きっと他の人から見ると、かわいそうな雰囲気が漂っている。

そういうときに、「大丈夫？」と声をかけてくれる人には2種類います。

一つは、「僕が悪い」と言ってくれる人。

もう一つは、「僕は悪くない」と言ってくれる人。

このうち、後者がクセモノです。

実は、こう言って近寄ってくる人は、得してその上司や社長をよく思っていない人だったりするからです。

自分が上司や社長をよく思っていないので、仲間を増やそうと寄ってくるのです。それは時に無意識にです。悪意はないのだろうと思います。

「大丈夫かい？」と声をかけてくれたのに反応して、そっちのサイドに引き込まれてしまうと大変です。どんどん閉じた世界に入っていってしまいます。愚痴を言い合うだけの仲間が集まったグループです。

幸いなことに当時の僕は、上司や社長に怒られても、そこまでめげてはいませんでした。というのも、みんなの前で怒られてはいますが、それほど自分が否定されているとは思えなかったのです。

根っこの部分で上司や社長に「期待されている」と都合の良い解釈をしていました

（実際そうだったと思うのですが）。

ですから、怒られたことを心配されるほうがむしろありがた迷惑だと感じていました。

こういったことは、人間関係全般にあります。

悩みを人に相談したら、相談相手が同情してくれて、親身になって話を聞いてくれたとします。でも、本人はどんどんネガティブな気持ちになって、余計に心配になったり、周囲との関係が一向に良くならなかったりするのです。

相性の悪い人との人間関係で悩んでいたとします。その人について誰かに相談したところ、相談を受けてくれた人が一緒になって悪口を言ったらどうなるでしょうか。ますますその人のことを嫌いになって、悪循環に陥ってしまいます。これでは悩みを解決できない。

一緒になって悪口を言う人は、味方のようでいて敵なのです。

そういうときは、**「あいつもいいところあるぜ。お前がこういうところを直したほうがいいぜ」**と言ってくれる人のほうが、本当の味方なのです。

組織というものは、不思議と似たような状況にいる人が磁石のように引き合う性質があります。

つまり、ネガティブな思考に陥ってしまった人には、同じようにネガティブな思考の人が忍び寄ってきます。

ですから、自分が後ろ向きの気持ちになっているときには気をつけてください。そんなときに声をかけてくれる人は、自分を良い方向に導く人なのか、そうでないのか、よく考えてみなければなりません。

悩んで相談したときに「お前が悪い」と言ってくれたり、「よかったじゃん！　これで成長するね！」と笑い飛ばしてくれるぐらいの人が、最高の友であり、最高の師なのです。

そして、味方のような敵が自分に近づいてこないようにするためには、楽しそうに働くのが一番です。

「面白がり屋」には、自分を悪い方向に導く人たちは寄ってきません。

また、自分から「楽しい！」と宣言することには、周囲の人もポジティブにする効果もあります。

仕事でトラブルがあって、つい険悪なムードになりそうなときも、「いやぁ、こんなトラブルが起きてワクワクしますね。きっと乗り切ったらかっこいいんだろうなぁ。せっかくなので、楽しく仕事しましょう!」と言ってみる。

そうすると、周りの人も、「そうか、どうせ仕事するなら楽しく仕事したほうが得だよな」と思ってくれる。険悪ムードからいきなり円満ムードに。

こうやって周囲を巻き込んで、いい流れを作ることもできるのです。

▽与えることはクリエイティブ

面白がって働いている人は、人脈を作るのも上手です。誰だって楽しそうな人と一緒に仕事するのは楽しいですからね。

僕が20代前半のころ、先輩に「40代になったときの自分の価値って何でしょうか?」と質問したことがあります。

答えは、「人脈だよ」でした。

そのときはなんだかピンときませんでしたが、それからいろいろな仕事をするうちに、人脈の大切さを感じるようになりました。

僕らがカヤックという会社を立ち上げた当初は、人脈を広げようとさまざまな異業種交流会に参加しました。でもそこで名刺を交換してわかったことは、何をしているんだかわからないような、何の実績もない人間が、一生懸命名刺を配ったところでちっとも人脈は広がらないということでした。

結局、人脈を作るには、**「この人と知り合いになると、何か得しそうだぞ」**と思われるような存在にならないとだめなのです。

実績も何もない人は、憶えてもらうことすら困難です。

僕の顔が見たことがないくらいごつくてインパクトがあるとか、ファッションセンスがやばいとか、会話が芸人並みに面白いとか、そんな素質があれば別ですが、そこもしょせん凡人クラス。

となると、知り合いになると何か得しそうだぞと相手に思ってもらえるような工夫や努力をしなければなりません。

そこで僕は、ある会社と良いお付き合いをしたいと思ったときには、必ず会う前にその会社のウェブサイトを見て、ブレインストーミングをしてその改善案を考え、あいさつ代わりに持っていきました。

つまり、できるだけ自分の持っている知識やアイデアを出し惜しみしないで提供する。先方から仕事の相談があったときには、多少割に合わなくても、できる範囲で協力する。

こうして、相手に「与える側」になるのです。

つまり、言い方は悪いのですが、**こちらが借りるほうではなく、貸しを作るほうであろうとする。**そうすることで、「この人と知り合いになると、何か得しそうだぞ」と思ってもらえます。

相手に与えることができれば、人脈が広がるだけでなく、自信も得られます。人は、他人に与えるものが多いほうが、自分に自信が持てるからです。

これは組織の中で働いているときも同じです。自分が組織から得ているものよりも、自分が組織に与えているもののほうが多いと感じられれば、自信を持って楽しく仕事ができます。

一方で、「自分は必要とされていないのでは……」「この組織に十分な貢献をしていないな……」と感じている状態が続くと、どんどん気持ちが後ろ向きになってきます。

だから、何となく自分が楽しく働けていないと思う人は、所属している組織に自分が何を与えられるかを考えてみてください。

自分から組織のために積極的にアイデアを出して、自分が楽しくなるのはもちろん、組織にとっても有益になればもっといいのです。

組織に「与える」ものが多い人間になれれば、周囲が認めてくれます。

認めてもらえれば楽しくなるにきまっている。

そう。アイデアを出すということはクリエイティブであり、「クリエイティブとは贈与」なのです。

僕ら面白法人カヤックは、そう考えています。

▽どんな道もちゃんとつながっている

繰り返しますが、僕は、現状をどう楽しむかが重要だと思っています。

つまり、いま目の前にある仕事がつまらなかったり、それが自分のやりたいことじゃなかったり、上司との人間関係がうまくいかなかったりしても、そこから逃げ出すことも1つの手ですが、その前にやってみてほしいことが、その状況を楽しむということなのです。

つらい状況なのに楽しむというのは、ハードルが高すぎるというのであれば、その状況を味わい尽くすという言い方に変えても良いです。味わい尽くす過程の中で、アイデアの力を信じてあげてみてください。

いまの仕事でがんばってアイデアを出す、創意工夫することには必ず意味があるはずです。

絶大な人気を誇る漫画家、井上雄彦先生の『リアル』というマンガでは、こんなセリフがあります。

「今いる場所がつまんねえ職場だろうと、俺の道であることに変わりはねえ。俺のゴールにどうやってつながるかは知らねえが、いつかつながることだけは確かだ」（6巻139ページ）。

これは高校を中退した野宮朋美という登場人物が、自分のやるべきことをまだ見つけられていない中で、引っ越しバイトの仲間と飲んでいるときにいった言葉です。

いまを楽しむことができるようになったら、本当に自分がやりたいことに、たとえそれがわからなくても、一歩近づきます。

そして、どんな仕事でも面白がれるノウハウを身に付けた、アイデアいっぱいの人は、最終的には本当に自分が楽しめる仕事ができるようになります。

そして、誰しもそんな仕事を見つけるべきだと思うのです。

「もし、明日死ぬとしたら人生の最後の時間をどう使うかね？自分の真の願望とはかかわりのない、したがって苦痛でしかない仕事をつづけるかね？」

これは、マーク・フィッシャー著『成功の掟』の一節です。世の中に数多く出ている成功本にも同じような内容が書かれています。

もし、明日死ぬとしたら、誰だって楽しいことをしたいと思うはずです。

それくらい自分が面白がれる仕事を選んだほうが絶対にいい。

あるとき、世界的に評価されている障害者のアーティスト集団を率いている代表者の講演を聴くことがありました。

障害者の人は、社会に出て働くに当たって、まだまだ職業を自由に選べているとはいえない状況なのだそうです。

その中でとある障害者の方が、絵を描きたくて仕方がなかったのだけれど、そういった仕事に就けるわけでもなく、違う仕事を何年も続けていました。

あるとき、このアーティスト集団のことを知り、**仕事を辞めて活動に参加して絵を描き始めたところ、真っ白だった髪の毛と眉毛が、半年間で真っ黒になったそうです。**

このエピソードには驚きました。

人間やりたいことをやっていれば、髪の毛の色すらも変えられるのかと。

実は僕も面白法人カヤックを立ち上げる前のサラリーマン時代、2年間でびっくりするぐらいのスピードで髪が抜けていました。自分ではサラリーマンを楽しんでいるつもりだったのですが、そうではなかったのです。

体は正直で、企業を経営しているいまのほうがよっぽど自分に合っているのでしょう。

サラリーマンを辞めるとき、取引先の社長に挨拶にいきました。

その社長が言うには、自分の会社を始めると眠れなくなる夜がある。息が苦しく、汗びっしょりになって夜中に目が覚める。そしてこの先、会社がどうなってしまうんだろうかと不安になることがきっとある。そんな話をしてくれたのを憶えています。

人間は恐怖や不安といった感情が一番記憶に残りやすいので、このエピソードを憶えているのだと思います。

そして、その社長のおっしゃる通りで、眠れない夜は何度もありました。自分がつくった会社なのに嫌いになりそうな時や、資金繰りで苦しい時もあれば、身の危険を感じることもあれば、病気で半年会社に行けないことや、息子のような社員の死や、自分の不甲斐なさに涙する夜も。世界がグレーに見えてしまうことも。

それでも僕は、こう口にするのです。毎日が楽しいと。

そして、企業経営をしていなかったらもっと髪が抜けるスピードも早く、何も残っていなかったんだろうなと。

転職を決意する前に考えたいこと

ところで、面白法人と名付けて、面白がることを大切にし、職場を皆が工夫しているように見えるからでしょうか。

「面白法人カヤックは離職率が低いのでは？」と聞かれることがあります。

実際、楽しそうに働いている人が多くいる方だとは思います。

でも、それなりに人の出入りはあります。

そもそも僕らの職種であるクリエイターは、スポーツ選手みたいなものですから、選手が移籍するように転職する人がいて当然です。

それに僕は、離職率が低い会社が必ずしもいいとは思っていません。

ずっと同じ場所にい続けることが、必ずしもいいことではないと思うし、変化を恐れない人になった方が人生を楽しめると思うからです。

なので、基本的には転職したいという社員がいるときは、他の会社と比べると止められるということはほとんどない会社だと思います。

正直にいうと、会社の効率だけを考えたら、ほんとはもう少しいてくれた方が助かるのにという人ばかりです。また、カヤックでは、**「何をするかよりも誰とするか」**という言葉を大切にしています。だから、一度採用した人は、この人と一緒に働きたいと思った仲間なのです。なのに去るという決断をされると、こちらとしても寂しいものです。でも本人のためを思うと、快く送り出すことが会社の方針です。

ただ、それでも、時に会社を辞めようとする社員を止める時もあります。それは例えば、その社員が楽しそうにしてなかった時です。

人は、迷っているとき、悩んでいるときは、気づかないうちに誤った判断をしがちです。冷静な判断ができないぐらい楽しくなさそうなとき、「もう少しいてみたら?」と止めることで、「もう少しいて良かった」と言ってもらえる未来が見えることがあります。

2年間カヤックでフラッシュデベロッパー(アドビ システムズのフラッシュという技術を利用する開発者)として働いたある社員のエピソードを紹介しましょう。

彼は福岡出身で、新卒で上京してカヤックに入社。

初めから数年で地元の福岡に戻って起業したいと言っていました。

ですから、退職したいと言われたときも、当初の計画通りだったので、すぐにOKしたのです。

で、「今後どうするの？」と聞いたところ、すぐに起業するのではなく、一度地元に戻って別の会社でディレクターを経験して、それから独立したいとのこと。

起業するにはディレクターの経験が必要なのですが、正直いってカヤックではディレクターまでの道のりが遠かったのです。ただ、他社であればまた事情は異なります。

それが本人の希望であれば後押ししたいと思ってこう言いました。

「僕も、この業界に長くいるから、福岡とはいえどこか行きたい会社があれば、紹介できるかもしれないよ」

彼はそんな相談をするつもりはまったくなかったようですが、次の日、興味を持っている会社のリストを送ってくれました。

見てみると僕がよく知っている会社の福岡支社も入っています。しかも偶然、その会社の社長の自宅へ翌週遊びにいく予定だったのです。

そこで、その社長の自宅にお邪魔したときに、彼のことを話しました。

「制作のスキルはまだまだだけど、2年間無遅刻無欠勤。非常にストイックに仕事をしており、まじめなタイプです。自信を持って推薦します。あとは実際に面接して使えるかどうか判断してください」

そして彼は面接を経て、その会社へ転職が決まりました。

逆に、僕が紹介されて面白法人カヤックに入社した社員のエピソードもあるので紹介します。

例えば、毎日水風呂に入っているという変わりものの男が入社したときは、仲良くさせていただいているウェブ制作会社の社長から、「うちの元社員でカヤックを受けたがっている変人がいるから紹介させて」と言われて、数回の面接を経て入社が決まりました。

彼の場合は、その社長から「変人」以外の情報はいっさいありませんでした。

でも仲の良い社長が紹介してくれるわけですから、ひどい人ではないはず。

実際、彼はその後、執行役員になりました。

このように人を紹介するという行為は、当たり前ですが、その人が紹介に値すると信じていないとできません。

また紹介するという行為を通じて、自分が良いと感じる「価値観」を、相手に伝えることにもなります。紹介した人を通して、自分という人間を判断されてしまうからです。

そこで、いずれ転職したいと思っている人に質問です。

あなたはいま、自分の会社の上司や社長に転職したいと相談して、他の会社を紹介してもらえるだけの信頼関係を、上司や社長と築いていますか？

紹介したいと思われるような人間に自分がなっているかどうか、考えてみてください。

まだなれていないのであれば、やっぱりいまの職場でまだ自分ができることがあるはずです。

結局すべての道はつながっているのですから、まずはいまの環境で自分ができることに取り組みましょう！

▽イメージしないことは実現しない

これまで、とにかく乗っかってみることの重要性を書いてきました。ただ乗っかり体質な人は、時にあっちにいったり、こっちにいったりしますので、これはある意味、計画性のないやり方と言えるかもしれません。

一方で、本当にやりたい道へと近づくためには、月並みですが目標を立てることも重要です。

自分のやりたいこととは、すぐにわかるものではなく、次第に明らかになってくるものでしょう。だからこそ、初めは手探りだとしても、だんだん見えてくるゴールに向かって目標を立てることで、確実に進んでいけるはずです。

大阪市内の公立中学校の体育教師だった原田隆史さんをご存知でしょうか？

原田さんは、荒れていた中学校を立て直したことから、大阪では「生徒指導の神様」と呼ばれていました。

勤務した松虫中学校では、陸上競技の個人種目で7年間に13回日本一選手を輩出しました。この中学校は、陸上が特別強かったわけではなく、普通の生徒が通っている普通の学校だったので、この快挙は奇跡と呼ばれたそうです。

その著書『カリスマ体育教師の常勝教育』によると、原田さんは当時、生徒たちに「長期目標設定用紙」を書かせていました。

しかもこの用紙では「これを実現できたら夢のようだ」という最高の目標、ややレベルを落とした中間目標、絶対達成できる目標、という3段階の目標を立てるのです。

目標を立てることで、中学生といえども自主的に考え、行動できるようになったことがこの快挙の最大の理由です。

僕はこの歳になってつくづく思うのですが、目標を持って生きている人と、そうでない人では、5年、10年経ったときに大きな差が生まれます。

だからこそ、楽しく仕事するのと同じくらい、どう目標を立てるかについても意識してほしいのです。

目標の立て方にもコツがあります。直近の目標については、漠然としたものではなく、できるだけ具体的な表現にするといいでしょう。

例えば「今年は何かミラクルを起こすぞ！」ではなく、「夏までに5キロやせる」とか。

そして、具体的な目標を達成するために、「2日に1回は夕食の炭水化物を抜く」といった具体的なアイデアが出てきます。

一方、かなり先の目標を立てるときは、あまり具体的すぎると面白味がありません。現時点で具体的に決められる目標というのは、現時点の自分が想像できる範囲のものだからです。

かなり先の目標まで具体的に決めてしまうと、スケール感が小さくなってしまいます。だから、できるだけ人生をかけて取り組むような、大きなテーマを設定するといいと思います。

10年先の自分なんてそもそもイメージできないのが普通だし、だからこそ人生は楽しいのです。現時点で10年先の自分をあまりにも詳細にイメージしても、その通りになってしまったら、いまの自分を超えられなかったということになります。

ちなみに、僕が面白法人カヤックを創業したときに考えていたことは、たった1つだけです。

「他にはない、面白い！ って言われるユニークな会社を作ろう」

これだけ。事業内容なんて、さっぱりイメージしていませんでした。

いまはウェブサービスからゲーム、ウェディング、不動産、葬儀までやっていますが、具体的なことは何1つ考えていなかったのです。

そして、**目標を立てるときは頭の中で映像化することが大切です。**

ただ、「やせるぞ」と目標を決めるのではなく、やせた自分を映像でイメージするのです。しかも、客観的な第三者の視点で見た自分の姿だけでなく、やせた状態でどのような行動をしているかなどを、自分の視点でイメージするのです。

やせた自分が朝起きて何をするのか、人とどんな会話をするのかまで想像することで、実現に近づきます。これが最大の秘訣です。実は、アイデアをたくさん出せる人は、この映像化の能力が高い人が多いのではないかと思います。そもそもアイデアを出せるような脳になると、自然とそうなります。つまり、アイデアを出す訓練を重ねることで、目標を立てるための能力も身につくのです。

そしてもう1つ。とっておきの秘密をお伝えいたします。それは、自分の将来の目標を言葉にするときは、「○○になりたい」という願望のかたちにするのでなく、**「○○になりました。ありがとう」**と、**すでに実現したものとしてフライング気味に感謝の言葉も付け加える。**すると、脳が勘違いして本当にありがとうと言いたくなる状況にしてくれるのです。これは、巷では引き寄せの法則という話で周知されています。

引き寄せの法則については、多くの方が語っていますので、詳しく知りたい人は、そういった本を参考にしてみてください。

▽数字を楽しむ

自分が本当にやりたい道へ進むためには、避けて通れないことが1つあります。

それは、**「数字に負けてはならない」**ということです。

どんな仕事をしていても、ビジネスのうえでは、誰もがこれを意識しなければならないと僕は思います。

数字とは、例えば年齢やお金（個人では給料、会社では売上や利益）、時間などの数字です。

数字というものは、一度意識すると必ず頭の中についてまわります。数字そのものに、すごく力があるのです。

目標として数字を掲げることで、その数字を達成することができます。

でも、目標を立てることで、その数字を大きく上回る成果は出しづらくなることもあります。

とはいえ、数字を掲げない限り、その目標に届くということもありません。

だから、**社会に出て、自分を成長させていくためには、数字と向き合う機会が増えます。**仕事はある種ゲームのような側面があり、そのゲームのルールでは、数字は非常に重要な役割を果たすからです。

ところが、数字には強い力があるため、ときとして心がくじけてしまうこともあります。

例えば、自分の年齢を考えて「もうだめだ」と暗い気持ちになることもあれば、風邪を引いたときに体温計の数字を見て不安になることもある。給料の金額で家族が一喜一憂する。会社が掲げる売上ノルマが高すぎて嫌気が差してしまう……。

でも、数字に負けないために楽しんで数字に取り組む工夫をしたい。特に、責任のある立場にいる人は。

この「負けない」という意味は、目標としては、必達しようという覚悟で望みながら、達成できなかったことで、病む必要はないということです。僕は経営者だから、時に命をかけて数字と対峙します。そしてそこまでコミットしているからこそ行き着く境地や自分の成長があると思っています。ですが、しょせん数字は数字です。人生で大切なことはまだいくらでもあります。だからこそ、時に数字に負けず、数字を楽しもうという気持ちが必要です。

▽「面白がり屋」を世の中に増やす

京セラ創業者の稲盛和夫さんは、多くの経営者から尊敬されています。僕もその一人です。

そんな稲盛さんのベストセラー『生き方』には、こんな一節があります。

一つのことに打ち込んできた人、一生懸命に働きつづけてきた人というのは、その日々の精進を通じて、おのずと魂が磨かれていき、厚みのある人格を形成していくものです。（中略）ラテン語に、「仕事の完成よりも、仕事をする人の完成」という言葉があるそうですが、その人格の完成もまた仕事を通じてなされるものです。（中略）したがって何も俗世を離れなくても、仕事の現場が一番の精神修養の場であり、働くこと自体がすなわち修行なのです。日々の仕事にしっかりと励むことによって、高邁《こうまい》な人格とともに、すばらしい人生を手に入れることができるということを、ぜひ心にとめていただきたいと思います。

稲盛さんの著書を読むと、高潔な方なんだろうなと思います。いや、おそらく仕事を通していっそう高潔な方になったんだろうと思います。立派な経営者は、時に神様かよというぐらい立派なことを言いますが、それはもともとそういう人間だったのではなく、仕事を突き詰めた結果、つまりある種の修行を通じて、そういう人間になっていったんだろうと思うのです。

でも一方で、修行というとどうしてもつらいイメージがつきまとうので、僕がこういった話をするのなら、少しアレンジをします。

これからは、どんな仕事も面白がろうと。だから僕は、哲学者アラン・ワッツの言うように、**「仕事と遊びを区別してはいけない。それから、仕事と遊びを区別してはいけないということを、一瞬たりとも深刻に考えてはいけない」**ということが大切だと思っています。

仕事と遊びは同じと思えば、修行も楽しくなってくるでしょう。

確かにたいていの人は、人生の大半を仕事して過ごします。

だから稲盛さんの言うように、仕事を通して人格を磨くのは良いことです。

ですが、繰り返しになりますが、仕事そのものはゲームのようなものであり、ゲームはしょせん人間がつくったものにすぎません。そしてゲームにはルールがある。例えば、数字を使うというのもルールの1つ。そして、ルールは時代とともに変わるし、完璧なものではないので、常に矛盾を含んでいます。

このことを意識しなければ、楽しんで修行できないでしょう。

矛盾とは、次のようなものです。

例えば、パソコンのセキュリティ対策ソフトを作っている会社は、コンピュータウイルスが世の中に出回らないと利益が出ません。ウイルスがすべてなくなれば、会社は成立しないでしょう。

ウイルスの作者が愉快犯だとしても、その人たちがセキュリティ対策ソフト会社を存続させているとも言えます。

例えば、警備保障会社のビジネスはどうでしょう。これは推測ですが、外国人窃盗団による被害のニュースがテレビで流れるたびに、契約が増えるのではないでしょうか。

治安が良くなり、安全になればなるほど僕らにとっては嬉しいはずなのに、そうなると業績が下がるビジネスが存在するのです。

企業というものが社会に貢献するために存在するとしたら、社会が良くなることで存続があやうくなるというのは、大きな矛盾です。

電機メーカーが利益を上げるためには、常に新製品を出し続けなければなりません。

電化製品が壊れたので修理を依頼したら、新しい製品を買うほうが安くつくと言われた、という話をよく聞きます。この地球の限られた資源を大切に活用するためには、ひょっとしたら修理して丁寧に使うべきなのかもしれませんが、いまでは安易に新製品を購入する社会になっています。

こう考えると、自動車だってケータイだってあんなに新しいものが次から次へと登場する必要があるのだろうか、という気持ちになってしまいます。

そうです。言うなれば、企業が常に成長と拡大を期待されている資本主義社会というもの自体が、矛盾を抱える宿命にあるのです。

ちなみに、そんなことを考えていたら、僕はついに創業から20年、『鎌倉資本主義』という本を出すことになりました。

もともとこの社会は矛盾を抱えているのですから、人は、深刻になりすぎてはもったいないと僕は思います。

こうした矛盾の中でも、自分の人生を実りのあるものにしようと努力すればいいのであって、決して深刻になりすぎる必要はない。

岡本太郎さんはこう言っています。

「人間はすべて矛盾のなかに生きている。だから矛盾に絶望してしまったら負け、落ちこむのだ。それよりも、矛盾のなかで面白く生きようと、発想を転換することはできないだろうか」

まったく同感です。そして、面白法人カヤックの言葉で、こう付け足したい。

「アイデアをいっぱい出して、面白がり屋になろう」

この世の中に1人でも「面白がり屋」が増えれば、きっとすばらしい世界になる。

僕らももっともっと楽しくなります。

一緒に面白い世の中にしていきましょう。

おわりに

この本では、アイデアをたくさん出して、楽しく働く「面白がり屋」になるためのノウハウについてお話ししてきました。

え？　読んだけどよくわからなかったですって？

え？　この「おわりに」を先に読んでいるですって？

では、そういった人のために、ここでもう一度簡単にまとめてみます。

楽しく働くためには、アイデアが必要です。それは、すごくないアイデアでもいい。アイデアさえたくさん出せるようになれば、毎日が楽しくなってくる。

そのためには、まず目の前の仕事やお誘いに乗っかること。

つまり、心の中にある壁を取り払って、とにかく行動に移すこと。

行動して、この本で紹介した発想法などを利用することで、アイデアをたくさん出せば、確実に楽しくなってくる。

そして、楽しくなってきたら、それを周囲に宣言する。

これを繰り返せば、楽しく働く「面白がり屋」になれるのです。

僕は学生時代の友人と3人で「面白法人カヤック」を立ち上げました。

「面白法人」というのは、創業の最初に掲げた僕らのキャッチコピーです。

「どんなキャッチコピーがいいかな?」

「どんな会社にしたいか? じゃない?」

「そりゃ、面白い会社にしたいよなぁ……」

自分のことを自分で「面白い」という人は、**たいていは面白くない**ものです。

その法則からすると、自ら「面白法人」を名乗っていいのだろうかと、迷いもありました。

でも、もし人から面白いと言われなかったとしても、自分たちが仕事を楽しめばいいいじゃないか。とびっきり面白そうに仕事をしていればいいじゃないか。

そう覚悟して、「面白法人」を名乗ることに決めました。

そんな思いに忠実に、創業以来、**徹底的に仕事が面白くなるよう、楽しく働けるよう工夫してきました。**

その結果、どうなったのでしょうか。

ありがたいことに「カヤックと仕事がしたい！」と言ってくれる方がたくさん出てきて、楽しく働けています。

なるほど。面白そうに働いているといいことがあるんだな。

でも、これは考えてみれば当然のことです。

誰だって、つまらなそうにパンを売っているパン屋よりも、楽しそうにしているパン屋からパンを買いたいですよね。

僕は、組織の中で人を評価する立場になったからこそ、わかったことがあります。

それは人の評価なんて、本当にいい加減だということ。結局のところ、「印象」が大きな割合を占めているのです。

その意味でも、楽しそうに働くことには大きなメリットがあります。

ひょっとしたら、上司の中には「楽しそうに働くなんて、けしからん」という古い考えの人がいるかもしれません。そういう人は、人間はつらければつらいほど成長するという「根性論」を信じているのかもしれません。あるいは自分がつらい思いをしてきたからこそ、下の世代にもその世界観を押し付けているだけなのかもしれません。

でも、大丈夫。そんな古い考えの人は、次第にいなくなります。「楽しく働くほど成長する」という考え方が主流になってきます。

断言します。これからは、カヤックのように面白く働くことにこだわる会社や個人が増えてきます。

これは「そうなったらいいな」という願望ではなく、そういった考えの会社や個人のほうが、いまの時代においては強いからです。

……という、あとがきを書いたのが、実はこの本の初版が刊行された２００９年です。ありがたいことに文庫化の依頼を受けたそれから11年後の２０２０年は、まさにそんな時代になったのではないでしょうか。２００９年に働き方改革なんて言葉はありませんでした。

今回、この『アイデアは考えるな。』の文庫化のオファーをいただき、改めて原稿を見直してみましたが、正直にいうと全部書き直したいぐらいでした。同じことをなんども繰り返し言ってますし、自己啓発的な部分はいまならもっと事例や論理補強ができますし、何よりこの本のテーマである、アイデアを出すことについては、ブレインストーミングというものを突き詰めた結果、もっともっと多面的に書くことができます。なんせブレインストーミングは脳の筋トレなのです。脳を筋トレすれば誰だってアイデアマンになれる。このあとがきを書いている２０２０年では、それはトランステックと呼ばれる1つの産業の領域にまで発展しています。

いやあ当時の自分の言っていることが未熟すぎて恥ずかしい。でも、これはこれで当時の等身大の自分だったんだろうと思って、最小限の訂正に留めました。

改めて、また文庫本という形で出版できたことに、そしてこの本を手にとっていただいた方に、そして引き続きカヤックの仲間や家族に感謝申し上げます。**ありがとう。**

２０２０年５月

柳澤大輔

本書に登場した本の紹介

『アイデアのヒント』
ジャック・フォスター
（CCCメディアハウス
1400円）

アイデアは特別な人が出すものではなく、楽しみながら多く案を出すことの重要性を教えてくれる。
➡ 95 ページ

『アイデアのつくり方』
ジェームス・W・ヤング
（CCCメディアハウス
800円）

アメリカで創造的思考に関する古典と称されている本。「アイデアは1つの新しい組み合わせ」であると説く。
➡ 48 ページ

『禁煙セラピー』
アレン・カー
（KKロングセラーズ　900円）

読むだけでタバコがやめられる本。高い禁煙成功率を誇り、世界15カ国で翻訳されたベストセラー。
➡ 32 ページ

『アイデアマンのつくり方』
ジャック・フォスター
（阪急コミュニケーションズ　1300円）

部下にクリエイティブなアイデアを出させるためのマネジメントについての本。組織論として示唆に富んでいる。
➡ 109 ページ

※価格はすべて税抜きの本体価格です

『ビジョナリーカンパニー』
ジェームズ・C・コリンズ、ジェリー・I・ポラス
（日経BP社　1942円）

時代を超えて存続する偉大な企業18社の研究から明らかになる経営の「基本理念」とは。経営者のバイブル。　➡52ページ

『夜と霧』
ヴィクトール・E・フランクル
（みすず書房　1500円）

ユダヤ人精神分析学者によるナチス強制収容所の体験記。人間とは何かを描く永遠のロングセラー。
➡61ページ

『生き方』
稲盛和夫
（サンマーク出版　1700円）

京セラとKDDIを創業した著者が語る人生哲学の集大成。人間として正しい生き方を志し、貫くことを説く。　➡196ページ

『まんが道』
藤子不二雄Ⓐ
（中公文庫　686円〜）

マンガ家を目指す2人の少年の成長を描く、半自伝的長編青春マンガ。作者によると事実7割、フィクション3割。　➡87ページ

本書は2009年11月に日経BPから
刊行した同名書を文庫化したものです。

日経ビジネス人文庫

アイデアは考《かんが》えるな。

2020年6月1日　第1刷発行

著者
柳澤大輔
やなさわ・だいすけ

発行者
白石 賢

発行
日経BP
日本経済新聞出版本部

発売
日経BPマーケティング
〒105-8308 東京都港区虎ノ門4-3-12

ブックデザイン
鈴木成一デザイン室

本文DTP
マーリンクレイン

印刷・製本
中央精版印刷

Printed in Japan　ISBN978-4-532-19974-6

nbb 好評既刊

資本主義は海洋アジアから

川勝平太

なぜイギリスと日本という二つの島国が経済大国になれたのか？　海洋史観に基づいて近代資本主義誕生の真実に迫る歴史読み物。

カリスマ投資家の教え

川上　穣

トランプ勝利を予言したガンドラック、世界一のヘッジファンド率いるレイ・ダリオ――。カリスマ投資家6人の戦略と素顔を描き出す。

ずっと売れる！ストーリー

川上徹也

データや論理だけじゃ人は動かない。何かを伝えたいなら、ストーリーで語るのが一番。相手の感情を動かす究極の方法を教えます！

売らない売り方

川上徹也

売ろうとせずとも勝手に売れる、を目指せ。ストーリーブランディングの提唱者による、「志・独自化・エピソード」で売る方法。

60分で名著快読　マキアヴェッリ『君主論』

河島英昭＝監修
造事務所＝編著

国を組織、君主をリーダーに置き換えると『君主論』のエッセンスは現代でもそのまま有効だ。戦略・リーダー論の古典をわかりやすく紹介。

nbb 好評既刊

問題解決ラボ
佐藤オオキ

400超の案件を同時に解決し続けるデザイナーの頭の中を大公開！　デザイン目線で考えると、「すでにそこにある答え」が見えてくる。

佐藤可士和の超整理術
佐藤可士和

各界から注目され続けるクリエイターが、アイデアの源を公開。現状を打開して、答えを見つけるための整理法、教えます！

佐藤可士和のクリエイティブシンキング
佐藤可士和

クリエイティブシンキングは、創造的な考え方で問題を解決する重要なスキル。トップクリエイターが実践する思考法を初公開します。

佐藤可士和の打ち合わせ
佐藤可士和

打ち合わせが変われば仕事が変わり、会社が変わり、人生が変わる！　超一流クリエイターが生産性向上の決め手となる9つのルールを伝授。

LEAN IN
シェリル・サンドバーグ
川本裕子＝序文
村井章子＝訳

日米で大ベストセラー。フェイスブックCOOが書いた話題作、ついに文庫化！　その「一歩」を踏み出せば、仕事と人生はこんなに楽しい。

nbb 好評既刊

リーダーは最後に食べなさい！

サイモン・シネック
栗木さつき＝訳

TEDで視聴回数3位、全世界で3700万回以上再生された人気著者が、部下から信頼されるリーダーになるための極意を伝授。

How Google Works

エリック・シュミット
ジョナサン・ローゼンバーグ
ラリー・ペイジ＝序文

すべてが加速化しているいま、企業が成功するためには考え方を全部変える必要がある。グーグル会長が、新時代のビジネス成功術を伝授。

フランス女性は太らない

ミレイユ・ジュリアーノ
羽田詩津子＝訳

過激なダイエットや運動をせず、好きなものを食べて楽しむフランス女性が太らない秘密を大公開。世界300万部のベストセラー、待望の文庫化。

フランス女性の働き方

ミレイユ・ジュリアーノ
羽田詩津子＝訳

シンプルでハッピーな人生を満喫するフランス女性。その働き方の知恵と秘訣とは。『フランス女性は太らない』の続編が文庫で登場！

Becoming Steve Jobs　上・下

ブレント・シュレンダー
リック・テッツェリ
井口耕二＝訳

アップル追放から復帰までの12年間。この混沌の時代こそが、横柄で無鉄砲な男を大きく変えた。ジョブズの人間的成長を描いた話題作。

nbb 好評既刊

スノーボール 改訂新版 上・中・下

アリス・シュローダー
伏見威蕃＝訳

伝説の大投資家、ウォーレン・バフェットの戦略と人生哲学とは。5年間の密着取材による唯一の公認伝記、全米ベストセラーを文庫化。

サイゼリヤ おいしいから売れるのではない 売れているのがおいしい料理だ

正垣泰彦

「自分の店はうまい」と思ってしまったら進歩はない――。国内外で千三百を超すチェーンを築いた創業者による外食経営の教科書。

イラストレッスン ゴルフ100切りバイブル

「書斎のゴルフ」編集部＝編

「左の耳でパットする」「正しいアドレスはレールの上で」「アプローチはボールを手で投げるように」――。脱ビギナーのための88ポイント。

老舗復活「跡取り娘」のブランド再生物語

白河桃子

ホッピー、品川女子学院、浅野屋、曙――老舗復活の鍵は？ 14人の「跡取り娘」に密着、先代との発想の違い、その経営戦略を描き出す。

30の都市からよむ世界史

神野正史＝監修
造事務所＝編著

「世界の中心」はなぜ変わっていったのか？ バビロンからニューヨークまで古今東西30の都市を「栄えた年代順」にたどる面白世界史。

nbb 好評既刊

BCG流 戦略営業

杉田浩章

営業全員が一定レベルの能力を発揮できる組織づくりは、勝ち残る企業の必須要件。BCG日本代表がその改革術やマネジメント法を解説。

[現代語訳] 孫子

杉之尾宜生＝編著

不朽の戦略書『孫子』を軍事戦略研究家が翻訳した決定版。軍事に関心を持つ読者も満足する訳注と重厚な解説を加えた現代人必読の書。

誰がアパレルを殺すのか

杉原淳一
染原睦美

未曾有の不況に苦しむアパレル業界。衰退に追いやった犯人は誰か。川上から川下まで徹底取材をもとに業界の病巣と近未来を描く。

ホンダジェット誕生物語

杉本貴司

ホンダはなぜ空を目指し、高い壁をどう乗り越えたのか。ホンダジェットを創り上げたエンジニアの苦闘を描いた傑作ノンフィクション！

増補版 遊牧民から見た世界史

杉山正明

スキタイ、匈奴、テュルク、ウイグル、モンゴル帝国……遊牧民の視点で人類史を描き直す、ロングセラー文庫の増補版。